A ATITUDE VENCEDORA

04/2010.

John C. Maxwell

A Atitude Vencedora

Descubra a chave do sucesso pessoal e profissional

1ª reimpressão

Tradução de
Bárbara Coutinho e Leonardo Barroso

Thomas Nelson Brasil

Rio de Janeiro
2009

Título original: *The Winning Attitude*

EDITOR RESPONSÁVEL	*Nataniel dos Santos Gomes*
SUPERVISÃO EDITORIAL	*Clarisse de Athayde Costa Cintra*
PRODUTORA EDITORIAL	*Fernanda Silveira*
TRADUÇÃO	*Bárbara Coutinho e Leonardo Barroso*
CAPA	*Valter Botosso Jr*
COPIDESQUE	*Norma Cristina Guimarães Braga*
REVISÃO	*Margarida Seltmann*
	Joanna Barrão Ferreira
	Magda de Oliveira Carlos Cascardo
PROJETO GRÁFICO E DIAGRAMAÇÃO	*Julio Fado*

CIP-BRASIL. CATALOGAÇÃO-NA-FONTE
SINDICATO NACIONAL DOS EDITORES DE LIVROS, RJ

M418a

Maxwell, John C., 1947-
A atitude vencedora: descubra a chave do sucesso pessoal e profissional / John Maxwell; [tradução Bárbara Coutinho e Leonardo Barroso]. - Rio de Janeiro: Thomas Nelson Brasil, 2009.

Tradução de: The winning attitude
ISBN 978-85-7860-016-7

1. Atitude (Psicologia) - Aspectos religiosos - Cristianismo. 2. Sucesso - Aspectos religiosos - Cristianismo. 3. Vida cristã. I. Título.

08-5279. CDD: 248.4
CDU: 248.4

Rua Nova Jerusalém, 345 – Bonsucesso
Rio de Janeiro – RJ – CEP 21402-325
Tel.: (21) 3882-8200 – Fax: (21) 3882-8212 / 3882-8313
www.thomasnelson.com.br

"A habilidade é o que você é capaz de fazer.
A motivação determina o que você faz.
A atitude determina quão bem você fará isso."

Lou Holtz, treinador de futebol

Dedico este livro ao Dr. Tom Phillippe.
Amigo, colaborador no evangelho e
um exemplo de quem vive com atitude.

Agradecimentos

Agradeço por este livro ser a expressão dos meus pais, Melvin e Laura Maxwell, que me forneceram uma vida na qual eu pudesse desenvolver uma atitude saudável. Atitudes positivas, que são mais travadas que ensinadas, fizeram parte da minha vida desde o dia em que nasci. Minha esposa, Margaret, pelos breves conselhos fornecidos, e nossos filhos, Elizabeth e Joel Porter, pelos esclarecimentos. A família Maxwell está tentando pôr em prática os princípios deste livro.

Agradeço também a minha equipe da igreja Skyline Wesleyan, por sua contribuição para este livro. Suas ideias, seus questionamentos e suas sugestões iluminaram muitas reuniões das terças-feiras. Barbara Brumagin, minha assistente administrativa, que trabalhou especialmente neste projeto.

Obrigado Paul Nanney por sua amizade e excitantes experiências com vôos, as quais foram adicionadas a este livro.

Sumário

Seção IV – Mudando sua atitude

SEÇÃO 1

A consideração da sua atitude

Capítulo 1

É um pássaro...
É um avião...
Não, é uma atitude!

Seja a atitude de vocês a mesma de Cristo Jesus.
FILIPENSES 2:5

Em um lindo dia em São Diego, meu amigo Paul quis me levar para dar uma volta de avião. Recém-chegado ao sul da Califórnia, decidi enxergar nosso território de uma perspectiva diferente. Sentamos no *cockpit* enquanto Paul checava seus instrumentos. Tudo estava certo. Então Paul ligou o motor e fomos para a pista. Enquanto o avião decolava, percebi que a parte da frente estava mais alta do que o resto do avião. Também percebi que, enquanto admirava de cima a beleza do interior do estado, Paul se mantinha de olho no painel de controle.

Já que eu não sou piloto, decidi transformar o prazer em uma experiência de aprendizado.

— Todos esses instrumentos — comecei —, o que são? Percebi que você olha mais para esse do que para os outros. O que é?

— É o indicador de atitude — ele respondeu.

— Como um avião pode ter atitude?

— Na aviação, a atitude de um avião, ou horizonte artificial, é o que chamamos de posição da aeronave em relação ao horizonte.

Como minha curiosidade tinha aumentado, pedi mais explicações.

— Quando o avião está subindo, fica de bico para cima, pois é apontado acima do horizonte.

— Então — arrisquei —, quando o avião está caindo, você detecta que a atitude é o bico para baixo.

— Isso mesmo — aprovou meu instrutor. — A atitude dos aviões é um indicador de desempenho. Por isso os pilotos se preocupam tanto com ela.

— Agora entendo por que o indicador de atitude é o maior do painel — comentei.

Sentindo que eu era um bom aluno, Paul prosseguiu: "Já que o avião depende da atitude, é necessário mudar a atitude para mudar o desempenho."

E fez uma demonstração prática, colocando o avião na posição bico para cima. Logo o avião começou a subir e a velocidade começou a diminuir. Ao mudar a atitude, de fato mudara o desempenho.

Paul concluiu a lição dizendo: "Já que a atitude dos aviões determina o desempenho, os instrutores ensinam a 'voar com atitude'."

Essa conversa intrigou meu pensamento em relação à atitude das pessoas. A atitude individual pode ditar o desempenho? Haveria um "indicador de atitude" avaliando perspectivas e conquistas?

Quando a atitude dita resultados indesejados, como pode ser mudada? E, se a atitude muda, quais as consequências disso para quem está em volta?

Meu amigo Paul tinha um manual de instrutor intitulado, "*Voando com atitude*" sobre as correlações entre a atitude da aeronave e seu desempenho. Nós também temos um livro de atitude: a Bíblia.

Quando escreveu para a igreja em Filipos, o apóstolo Paulo firmou diante dos cristãos um indicador de atitude. "Seja a atitude de vocês a mesma de Cristo Jesus" (Filipenses 2:5).

Cristo nos deu um perfeito exemplo a seguir. Seu alto padrão não foi dado para nos frustrar, mas para revelar áreas em nossa vida que precisam de melhoras. Sempre que estudo Filipenses 2:3-8, lembro-me das atitudes sadias de Jesus:

Ele era altruísta. "Nada façam por ambição egoísta ou por vaidade, mas humildemente considerem os outros superiores a si mesmos. Cada um cuide, não somente dos seus interesses, mas também dos interesses dos outros" (versículos 3 e 4).

Ele era seguro. "Que, embora sendo Deus, não considerou que o ser igual a Deus era algo a que devia apegar-se; mas esvaziou-se a si mesmo, vindo a ser servo, tornando-se semelhante aos homens" (versículos 6 e 7).

Ele era submisso. "E, sendo encontrado em forma humana, humilhou-se a si mesmo e foi obediente até a morte, e morte de cruz" (versículo 8).

Paulo diz que essas qualidades foram mostradas na vida de Cristo por causa de sua atitude (verso 5), enfatizando que podemos assumir a mesma atitude em nossa vida. Temos um exemplo claro da atitude de Cristo e somos encorajados a nos agarrarmos a ela.

Paulo diz em Romanos 12:1,2:

> Portanto, irmãos, rogo-lhes pelas misericórdias de Deus que se ofereçam em sacrifício vivo, santo e agradável a Deus; esse é o culto racional de vocês. Não se amoldem ao padrão deste mundo, mas transformem-se [Como?] *pela renovação da sua mente*, para que sejam capazes de experimentar e comprovar a boa, agradável e perfeita vontade de Deus (ênfase minha).

O resultado de uma mente renovada ou uma atitude diferente é provar e preencher a vontade de Deus. Novamente vemos que a atitude dita o desempenho.

Certa vez, preguei uma mensagem sobre o texto do Salmo 34 chamada "Como enfrentar o medo". Davi estava sozinho, aterrorizado e frustrado em uma caverna cercada pelo inimigo quando escreveu essa mensagem reconfortante. A abertura do capítulo favorece o leitor a compreender a razão para o sucesso de Davi mesmo quando ele estava envolto de problemas.

O Processo Triplo de Louvor de Davi

1. Louvor começa com a vontade (versículo 1).

"Bendirei o SENHOR o tempo todo! Os meus lábios sempre o louvarão." Sua atitude reflete uma determinação de se regozijar independentemente da situação.

2. O louvor encontra a emoção (versículo 2).

"Minha alma se gloriará no SENHOR." Agora Davi está louvando o Senhor não só porque é certo, mas também porque quer.

3. O louvor se espalha (versículos 2 e 3).

"Ouçam os oprimidos e se alegrem. Proclamem a grandeza do SENHOR comigo; juntos exaltemos o seu nome." Davi demonstra que a ação desejada — louvor — começa com uma atitude de determinação. A conclusão do capítulo registra a triunfante afirmação de Davi: "O SENHOR redime a vida dos seus servos; ninguém que nele se refugia será condenado de Davi."

Para viver com atitude, como a atitude de voar, diga: "Minha atitude dita meu desempenho." Trata-se de um assunto muito extenso para abordar apenas em um livro. Precisaremos examinar:

- O que é uma atitude, e por que ela é importante?
- Quais são os ingredientes necessários para uma atitude de alto desempenho?
- O que faz uma atitude se tornar negativa e decepcionante?
- Como fazer para que uma atitude errada passe a trabalhar a nosso favor?

Ao longo do livro, vamos descobrir indicadores de atitude em personalidades bíblicas. Presente do próprio Deus, a Bíblia é o melhor livro sobre desempenho que existe. É claro que não pretendo esgotar aqui esse assunto crítico. Mas espero oferecer ao leitor uma palavra reconfortante, enfatizando a importância da atitude. Oro para que seja útil aos que querem mudar.

Formulário de atitude

Pense um pouco e em seguida responda:

Eu verifiquei minha atitude ultimamente?
Como eu classifico minha atitude?

Nunca estive melhor ( )
Nunca estive pior ( )
De bico para cima ( )
De bico para baixo ( )

O que é um indicador de atitude (algo que reflita minha perspectiva) em minha vida?

A transformação começa pela renovação da mente!

A atitude é um sentimento interior expresso pelo comportamento!

Capítulo 2

A atitude — O que é?

Uma pessoa não pode viajar e continuar a mesma.
JAMES ALLEN

O time de basquete do ensino médio no qual eu jogava não estava em um bom momento. Um dia, o técnico fez uma daquelas reuniões em que todos da equipe ficaram quietos e ouvindo. O técnico frisava continuamente a falta de atitude do time como primeira responsabilidade nos fracassos contínuos. Ainda lembro suas palavras: "Meus amigos, suas habilidades dizem 'vamos vencer', mas a atitude de vocês diz 'vamos perder'."

Os pais são chamados às reuniões escolares para ouvir falar de seus filhos. O assunto? Timmy, um aluno do quinto ano, bagunceiro e com notas péssimas. Seus testes de aptidão mostram que ele é intelectualmente capaz, porém está se dando muito mal. O professor sugere que o problema dele está na "falta de atitude".

Um membro da congregação é pauta de um encontro da equipe pastoral. Uma frase constante na conversa é: "A atitude dela é muito positiva."

Dificilmente conseguimos passar um dia sem pronunciar a palavra "atitude" em alguma conversa. Pode ser usada como um elogio ou uma reclamação. Pode significar a diferença entre promoção e rebaixamento. Algumas vezes, a sentimos; outras, nós a vemos. Ainda assim é difícil de explicar.

A atitude é um sentimento interior expresso pelo comportamento. É por isso que a atitude pode ser vista sem que uma palavra seja pronunciada. Não percebemos o "beicinho" do que reclama ou o maxilar do determinado? De tudo o que usamos exteriormente, nossa expressão é a mais importante.

Minha filha Elizabeth trouxe muita alegria para a nossa família, porém sua personalidade, algumas vezes, tende a ser melancólica. Quando ela se sente assim, seu rosto não expressa alegria. Minha esposa Margaret comprou uma blusa para ela com os seguintes dizeres: "Faça uma cara feliz." É um lembrete de que nossas expressões normalmente refletem nossos sentimentos internos.

A Bíblia nos ensina que "O Senhor não vê como o homem: o homem vê a aparência, mas o Senhor vê o coração" (1 Samuel 16:7). "O coração é mais enganoso que qualquer outra coisa, e sua doença é incurável. Quem é capaz de compreendê-lo?" (Jeremias 17:9). Essas declarações mostram nossa falta de habilidade para dizer com certeza que tipo de emoções estão dentro de outra pessoa. Porém enquanto deixamos de julgar os outros por suas expressões exteriores, muitas vezes as ações externas se tornam uma "janela para a alma". É certo que quem lança "um olhar que mata" não está cantando interiormente "Alguma coisa boa vai acontecer com você".

Em Atos 20, Paulo vai a Mileto e chama os antigos efésios. Esses homens se unem e ouvem o discurso de despedida de Paulo. O futuro era incerto. Seu líder declara: "Agora, compelido pelo Espírito, estou indo para Jerusalém, sem saber o que me acontecerá ali. Só sei que, em todas as cidades, o Espírito Santo me avisa que prisões e sofrimentos me esperam" (versículos 22 e 23).

Paulo exorta esses líderes da igreja a zelar pelo trabalho que ele havia começado. Eram movidos com compaixão pelo homem que os havia discipulado. Suas atitudes de amor resultaram em uma emocionante demonstração de afeto. "Tendo dito isso, ajoelhou-se com todos eles e orou. Todos choraram muito e, abraçando-o, o beijavam. O que mais os entristeceu foi a declaração de que nunca mais veriam a sua face. Então o acompanharam até o navio" (versículos 36, 38).

Quando a atitude interior é demonstrada por linguagem corporal ou expressão do rosto, pode ser contagiante. Já percebeu o que acontece com um grupo de pessoas quando uma delas, por sua expressão, revela uma atitude negativa? Já percebeu como se sentiu bem quando o rosto de seu amigo demonstrou amor e aceitação?

A música e a presença de Davi encorajaram um transtornado rei Saul. A Escritura nos diz que "o Espírito do SENHOR se retirou de Saul, e um espírito maligno, vindo da parte do SENHOR, o atormentava" (1 Samuel 16:14). Pediram aos homens do rei para que achassem alguém que animasse o soberano. Trouxeram Davi para o palácio e "Saul gostou muito dele... Então Saul enviou a seguinte mensagem a Jessé: 'Deixe que Davi continue trabalhando para mim, pois estou satisfeito com ele'. Sempre que o espírito mandado por Deus se apoderava de Saul, Davi apanhava sua harpa e tocava. Então Saul sentia alívio e melhorava, e o espírito maligno o deixava" (versículos 21-23).

Algumas vezes a atitude pode ser disfarçada, e quem nos vê acaba se enganando. Mas, em geral, o disfarce não dura muito. Existe uma batalha constante, pois a atitude tenta se mostrar.

Meu pai gosta de contar a história de um menino de quatro anos que teve um dia difícil. Depois de repreendê-lo, sua mãe lhe disse: "Filho vá para aquela cadeira e sente agora!" O pequeno foi para a cadeira, sentou-se e respondeu: "Mãe estou sentado por fora, mas estou em pé por dentro."

Você já disse isso para Deus? Todos nós já tivemos a experiência de um conflito interno similar ao de Paulo em Romanos 7:

> Pois o que faço não é o bem que desejo, mas o mal que não quero fazer, esse eu continuo fazendo... mas vejo outra lei atuando nos membros do meu corpo, guerreando contra a lei da minha mente, tornando-me prisioneiro da lei do pecado que atua em meus membros. Miserável homem que eu sou! Quem me libertará do corpo sujeito a essa morte? Graças a Deus por Jesus Cristo, nosso Senhor! De modo que, com a mente, eu próprio sou escravo da Lei de Deus; mas, com a carne, da lei do pecado (Romanos 7:19, 23-25).

Parece familiar? Sempre que um cristão sincero me pede para ajudá-lo em sua caminhada espiritual, eu menciono a obediência. A simplicidade de "Acredite e Obedeça" nesse grande hino de James H. Sammis mostra a importância da nossa atitude obediente para nosso crescimento espiritual:

> Quando andamos com o senhor pela luz de suas palavras,
> Que glória ele derrama em nosso caminho!
> Enquanto fazemos sua vontade ele continua conosco
> E com todos aqueles que confiam e obedecem.
> Confiar e obedecer, não há outro jeito,
> Ser feliz em Jesus é confiar e obedecer.

Durante um tempo de renovação na igreja wesleyana Skyline, onde sou pastor sênior, meu coração foi desafiado com as palavras de Maria, mãe de Jesus: "Façam tudo o que ele [Jesus] lhes mandar." Compartilhei com a congregação essa expressão de obediência retirada da história do milagre de Jesus no casamento em Caná (João 2:1-8).

O que quer que Jesus lhe fale, faça, mesmo se...

1. Você não estiver no "lugar certo" (versículo 2).

Eles estavam em um casamento, e não em uma igreja, quando Jesus fez o milagre. Algumas das grandes bênçãos de Deus estarão em outros lugares se nós obedecermos a ele.

2. Você estiver com problemas (versículo 3).

O vinho havia acabado. Muitas vezes nossos problemas nos afastam de Jesus em vez de nos levarem a ele. A renovação de Cristo começa quando mantemos nosso foco no poder de Deus e não em nossos problemas.

3. Você não se sentir desanimado (versículo 4).

Jesus disse aos que estavam no casamento: "Minha hora ainda não chegou." Em vez de desanimar ao ouvir essas palavras, Maria pensou em um possível milagre.

4. Você não caminha com ele há muito tempo (versículo 5).

Os servos que obedeceram a Jesus haviam acabado de encontrá-lo, assim como seus discípulos, mal começando a seguir Jesus, já deveriam obedecê-lo.

5. Você não tiver visto milagres em sua vida.

Esse foi o primeiro milagre do Senhor. As pessoas nessa situação tinham que obedecê-lo sem um histórico do que foi feito.

6. Você não tiver compreendido todo o processo.

Dessa história bíblica podemos ter uma ideia de definição de obediência: escutar as palavras de Jesus e fazer sua vontade. Obediência interna promove crescimento externo.

O psicólogo/filósofo James Allen afirma: "viajar por dentro e permanecer parado por fora." O que ocorre em nosso interior afetará o exterior. Uma atitude endurecida é uma doença que causa mente fechada e futuro sombrio. Quando a atitude é positiva e conduz você ao crescimento, a mente expande e o progresso começa.

O que é uma atitude?

É o "homem avançado" de nosso verdadeiro ser.
As raízes estão dentro, mas os frutos estão fora.
É o nosso melhor amigo ou pior inimigo.
É mais honesto e consistente que nossas palavras.
É um olhar exterior baseado em experiências passadas.
É algo que pode atrair ou repelir pessoas.
Não está satisfeita até ser expressa.
É a biblioteca do nosso passado.
É o orador do nosso presente.
É o profeta do nosso futuro.

Aplicação

Escolha um amigo e avalie a atitude dele. Tente defini-la por escrito. Qual é seu indicador de desempenho como resultado da atitude? Agora, faça o mesmo com relação a você.

Capítulo 3

A atitude — Por que é importante?

Você sente que todos o tratam bem? Se sua atitude em relação ao mundo é excelente, você receberá excelentes resultados. Se você se sente mais ou menos em relação ao mundo, sua resposta para ele será mediana. Sinta-se mal pelo seu mundo e parecerá que você só recebe da vida respostas negativas.

John Maxwell

Vivemos em um mundo de palavras, atreladas a significados que suscitam respostas variadas. Palavras como *felicidade*, *aceitação*, *paz* e *sucesso* descrevem o que cada um de nós deseja. Mas existe uma palavra que ou aumentará as possibilidades de nossos desejos serem preenchidos ou os impedirá de se tornar uma realidade em nosso interior.

Em uma conferência na Carolina do Sul, tentei o seguinte experimento. Para revelar o significado dessa palavra, li o parágrafo anterior e perguntei à audiência: "Que palavra descreve o que irá determinar nossa felicidade, nossa aceitação, nossa paz e nosso sucesso?" O público começou a sugerir: emprego, educação, dinheiro, tempo. Finalmente, alguém disse: atitude. Uma área tão importante em nossa vida foi colocada em segundo plano. Nossa atitude é a força primária que vai determinar se teremos sucesso ou falharemos.

Para alguns, a atitude apresenta dificuldade em cada oportunidade; para outros, representa uma oportunidade em cada dificuldade. Alguns caminham com uma atitude positiva, enquanto outros caem com uma perspectiva negativa. O simples fato de que a atitude "faz alguns" enquanto "acaba com outros" é significante o suficiente para nós explorarmos sua importância. Ao estudar os principais assuntos listados neste capítulo, essa verdade se tornará evidente.

Axioma de atitude número 1:
Nossa atitude determina nossa maneira de viver

A história de dois baldes, um pessimista, outro otimista, ilustra esta verdade.

"Nunca vi uma vida tão desanimada como a minha", disse o balde vazio enquanto se aproximava do poço. "Eu nunca volto do poço cheio, mas retorno vazio."

"Nunca vi uma vida tão feliz quanto a minha", respondeu o balde cheio enquanto se aproximava do poço. "Eu nunca vou para o poço cheio, mas sempre volto cheio."

Nossa atitude nos diz o que esperamos da vida. Se nosso "nariz" está para cima, estamos decolando; se está virado para baixo, podemos nos dar mal.

Uma das minhas histórias favoritas é sobre um casal de avós que visitava os netos. Toda tarde o avô se deitava para uma soneca. Um dia, as crianças decidiram fazer uma brincadeira e colocaram queijo no bigode dele. Logo depois ele acordou com o cheiro. "Por que este quarto está fedendo?", indagou, levantando-se e indo para a cozinha. Não ficou muito tempo por lá porque achou que a cozinha estava fedendo também. Então resolveu sair de casa para respirar um pouco de ar fresco. Para a surpresa do avô, o ar puro não trouxe nenhum alívio. Exclamou: "O mundo inteiro está fedendo!"

Isso é tão verdadeiro na vida! Quando carregamos "queijo" em nossas atitudes, o mundo inteiro cheira mal.

Um modo válido de testar sua atitude é respondendo à questão: "Você acha que seu mundo está tratando você bem?" Se sua atitude em relação ao mundo é excelente, você receberá resultados excelentes. Se você se sente mais ou menos em relação ao mundo, sua resposta do mundo será mediana. Sinta-se mal em relação ao seu mundo e você terá respostas negativas da vida. Olhe ao redor. Observe as conversas das pessoas que vivem vidas vazias e infelizes. Você perceberá que estão gritando contra uma sociedade que acham que existe para pegá-los e entregá-los a uma vida de encrenca, miséria e falta de sorte. Às vezes, a prisão do descontente foi construída por suas próprias mãos.

O mundo não se importa se nos libertamos da prisão ou não. Ele continua. Adotar uma atitude boa e saudável com relação à vida não afeta tanto a sociedade como nos afeta. A mudança não pode vir dos outros. Deve vir de nós.

O apóstolo Paulo tinha um passado terrível para perdoar. Ele disse a Timóteo que era o "principal dos pecadores". Mas depois dessa conversa ele ficou com muito desejo de conhecer Cristo mais amplamente. Como preencheu esse desejo? Não ficou esperando por alguém para ajudá-lo. Também não olhou para trás pondo-se a reclamar de seu passado terrível. Paulo diligentemente "prosseguiu para alcançá-lo (Jesus)". Sua unicidade de propósito lhe fez dizer: "Mas uma coisa faço: esquecendo-me das coisas que ficaram para trás e avançando para as que estão adiante, prossigo para o alvo, a fim de ganhar o prêmio do chamado celestial de Deus em Cristo Jesus" (Filipenses 3:13,14).

Somos individualmente responsáveis por nosso modo de ver a vida. diz a Bíblia: "Pois o que o homem semear, isso também colherá" (Gálatas 6:7). Atitude e ação determinam o que acontece conosco.

Seria impossível estimar o número de empregos perdidos, as promoções, as vendas que não foram feitas, os casamentos arruinados por uma atitude medíocre. Mas, quase todos os dias, podemos ser testemunhas de pessoas cujos empregos são odiados e casamentos apenas tolerados. São pessoas que desejam mudanças, mas as esperam do outro, ou do mundo, em vez de perceber que elas mesmas são responsáveis por seu comportamento. Deus lhes dá o desejo de mudar a si mesmas, mas precisam escolher agir de acordo com esse desejo.

É impossível fazer com que todas as situações se encaixem em nossa vida perfeitamente. Mas é possível fazer com que nossas atitudes se encaixem. O apóstolo Paulo demonstrou belamente a verdade enquanto estava preso em Roma. Com certeza, não recebeu um "aperto de mão honesto". A atmosfera de seu confinamento era escura e fria. Ainda assim, escreve para a igreja em Filipos declarando com sabedoria: "Alegrem-se *sempre* no Senhor. Novamente direi: Alegrem-se!" (Filipenses 4:4, ênfase minha). Perceba que o homem confinado estava dizendo às pessoas para se alegrarem! Será que Paulo estava fora de si? Não. O segredo é descoberto mais tarde no mesmo capítulo. Paulo declara:

> Não estou dizendo isso porque esteja necessitado, pois *aprendi* a adaptar-me a toda e qualquer circunstância. Sei o que é passar necessidade e sei o que é ter fartura. *Aprendi* o segredo de viver contente em toda e qualquer situação, seja bem alimentado, seja com fome, tendo muito, ou passando necessidade (versículos 11 e 12, ênfase minha).

A habilidade de adaptar sua atitude foi um comportamento aprendido. Não foi automático. E, uma vez aprendido, tornou-se natural um olhar positivo. (Falarei mais desse comportamento aprendido na seção 4, "A mudança da sua atitude".) É um ensino constante nas cartas de Paulo, pelo que é contado de sua vida, que o homem contribui para criar seu ambiente — mental, emocional, físico e espiritual — pela atitude que desenvolve.

Aplicação

Circule o número que se aproxima da sua atitude em relação à vida:

1. "Mande que o mundo se exploda"
2. "Estou dando azar"
3. "Fiz o que pude"
4. "Que dia maravilhoso"

Axioma de atitude número 2:
Nossa atitude determina nossa relação com as pessoas

A regra de ouro: "Assim, em tudo, façam aos outros o que vocês querem que eles lhes façam" (Mateus 7:12).

Esse axioma tem um significado relevante quando, como cristãos, percebemos que um ministério eficaz é baseado em relacionamentos.

O modelo de ministério (do modo como eu entendo o ministério) é melhor expresso em João 13. Cristo e seus discípulos estão reunidos no andar de cima.

Os componentes do modelo do ministério de Cristo são:

1. homens com quem ele dividiu áreas da vida;
2. uma atitude e demonstração de serviço;
3. um comando abrangente de amor relacional. ("Com isso todos saberão que vocês são meus discípulos.")

Para lidar com pessoas, um ministério eficiente deve incluir três desses componentes bíblicos. Apenas uma metodologia (pregação, aconselhamento, visitas) não será eficiente. É preciso uma boa combinação de muitos métodos para corresponder a todas as necessidade das pessoas. E a ponte entre a cura pelos evangelhos e necessidades pessoais é a liderança baseada em relacionamentos.

João 10:3-5 nos dá uma visão de liderança:

1. Relacionamento que conduz ao reconhecimento (ele chama sua própria ovelha pelo nome).
2. Relacionamento construído em confiança (sua ovelha ouve sua voz e vem até ele).
3. Liderança por modelo (ele anda à frente deles, e eles o seguem).

Ainda assim, é difícil estabelecer relacionamentos. As pessoas são engraçadas. Querem um bom lugar na frente do ônibus, nos bancos de trás da igreja e no meio da estrada. O homem acredita na existência de trezentos bilhões de estrelas, mas ainda precisa tocar no banco para ter certeza de que a tinta está fresca conforme está dito no cartaz.

Pode ser frustrante lidar com pessoas. Aparecem no lugar errado, na hora errada, pela razão errada. São sempre interessantes, mas nem sempre agradáveis. Não são previsíveis porque possuem pensamento próprio. Você pode não se dar bem com elas, mas também não podem passar sem elas. Por isso é essencial construir bons relacionamentos em nosso mundo cheio de gente.

O Instituto de Pesquisa de Stanford afirma que o dinheiro ganho em qualquer atividade é 12,5% por seu conhecimento e 87,5% por sua habilidade de relacionamento interpessoal.

87,5% conhecimento das pessoas
+ = SUCESSO
12,5% conhecimento do produto

Por isso Teddy Roosevelt dizia: "O ingrediente mais importante para a fórmula do sucesso é saber se dar bem com as pessoas." John Rockefeller também frisava:

"Eu pagarei mais pela habilidade interpessoal do que por qualquer outra habilidade."

E, quando perguntaram a J. Paul Getty qual a qualidade mais importante para um executivo de sucesso, a resposta foi: "Não fazem muita diferença os conhecimentos ou a experiência; se ele não estiver apto para alcançar resultados através das pessoas, não será um bom executivo."

Quando nossa atitude é valorizar e pôr os outros em primeiro lugar, nossas perspectivas refletirão o ponto de vista deles, não o nosso. Se não soubermos nos colocar no lugar do outro, seremos como o homem que saltou furiosamente do carro, gritando, depois de uma colisão: "Por que vocês não olham para onde estão dirigindo? Já é o quarto carro em que eu bato hoje!"

Alguns anos atrás, eu estava viajando para o sul e parei para abastecer. Era um dia chuvoso, porém os funcionários estavam tentando dar a melhor atenção possível aos clientes. Fiquei impressionado com o atendimento de primeira-classe e entendi perfeitamente o motivo quando eu li este aviso pregado no posto:

Por que os clientes vão embora

1% morrem
3% se mudam
5% fazem novas amizades
9% encontram melhores preços
14% desgostam do produto
MAS...
68% vão embora por causa da atitude indiferente do funcionário!

Em outras palavras, 68 por cento vão embora porque os funcionários não puderam se colocar no lugar dos clientes.

Em geral, quem cresce em uma organização tem uma boa atitude. Não foram as promoções que resultaram em atitude positiva, mas sim a atitude positiva resultou em promoções. Um estudo recente da Telemetrics International sobre os "caras legais" que escalaram a escada corporativa envolveu dezesseis mil executivos. Observe a diferença entre executivos definidos como "altos conquistadores" (aqueles que demonstram uma atitude saudável) e "baixos conquistadores" (aqueles que demonstram uma atitude não sadia):

> Altos conquistadores tendem a se importar tanto com as pessoas quanto com os resultados; baixos conquistadores se preocupam com a própria segurança.
>
> Altos conquistadores veem seus subordinados de forma otimista; conquistadores baixos desconfiam das habilidades de seus subordinados.
>
> Altos conquistadores buscam conselhos de seus subordinados; conquistadores baixos não.
>
> Altos conquistadores são ouvintes; conquistadores baixos evitam comunicação e confiam em manuais normativos.

Entre 1980 e 1981, eu me envolvi em um projeto bastante ambicioso que incluía ensinar e liderar quinze pastores, ajudando a aumentar suas congregações e torná-las igrejas alegres. Uma das minhas tarefas favoritas era falar nos cultos de domingo e recrutar pessoas para trabalharem para a igreja. Bem antes de começar o "alistamento", eu perguntava ao pastor quantas pessoas ele achava que iriam se voluntariar. Eu observava o pastor calcular lentamente os "voluntários" e os "não voluntários". Depois de receber o número cuidadosamente estimado, eu dizia: "Mais gente vai se candidatar."

Por que eu dizia isso? Eu conhecia essas pessoas melhor do que ele? Claro que não. O que eu sabia é que o pastor havia dividido as pessoas mentalmente e sabia como elas reagiriam durante o culto. Já que eu não conhecia a congregação, minha atitude era aberta e positiva em relação a eles. Eu tratei os ouvintes como se todos fossem responder, e a maioria respondia! Todos os quinze pastores imaginavam um número abaixo do que eu tinha em retorno.

Uma experiência passada negativa algumas vezes paralisa nosso pensamento e atitude. Um homem que não conseguia achar seu serrote suspeitou do filho do vizinho que estava sempre mexendo com madeira. Durante os outros dias, tudo que o jovem fazia parecia suspeito — o modo de andar, o tom de sua voz e seus gestos. Mas quando o velho encontrou seu serrote atrás de um banco que ele estava fazendo, ele não via mais nada suspeito no filho do vizinho.

Aplicação

Desafio: por uma semana trate todo mundo que você encontrar, sem exceção, como a pessoa mais importante na Terra. Você vai ver que eles vão começar a tratar você da mesma forma.

Axioma da Atitude número 3:
Com frequência nossa atitude é a única diferença entre sucesso e fracasso

As grandes conquistas da história se deveram a homens que tiveram sucesso apenas um pouco acima das massas de outros em suas áreas.

Esse pode ser chamado de o princípio da margem mínima. Muitas vezes essa mínima diferença era a atitude. A ex-primeira ministra de Israel Golda Meir reforçou essa verdade em uma de suas entrevistas: "Tudo que meu país tem é o espírito. Não temos dólares de petróleo. Não temos minas ou um solo magnífico. Não temos o apoio da opinião pública mundial. Tudo que Israel tem é o espírito de suas pessoas. E se as pessoas perderem o espírito, nem mesmo os Estados Unidos poderão nos salvar." Em outras palavras, essa grande dama dizia:

Recursos — atitude certa = fracasso
Atitude certa — recursos = vitória

Aqui está a lista de recursos para o sucesso. Além dessa lista, escreva outras bênçãos. Leia quando estiver perdendo sua margem mínima.

Saúde	Experiências	Conexões
Amigos	Família	Aptidão
Dinheiro	Atitude	Metas

Certamente aptidão é importante para nosso sucesso na vida. Porém sucesso ou fracasso em qualquer situação são resultados de atitude mental, mais que de capacidade mental. Lembro quando Margaret, minha esposa, voltava para casa da escola em que trabalhava frustrada por causa da ênfase que a educação moderna dava no teste de aptidão em vez de atitude. Ela queria que as crianças fossem testadas em Q.A. (quociente de atitude) em vez de Q.I. (quociente de inteligência). Falava das crianças cujo Q.I. era alto, mas tinham uma performance muito baixa. Havia os outros cujo Q.I. era baixo, mas a performance era alta.

Como pai, espero que meus filhos tenham a ambos, mente privilegiada e atitude excelente. Mas, se tivesse que escolher entre uma coisa e outra, sem hesitar escolheria um Q.A. alto.

O reitor da Universidade de Yale deu o seguinte conselho ao ex-reitor da Universidade do Estado de Ohio: "Seja gentil com os seus alunos A e B. Algum dia um deles voltará ao campus como um excelente professor. E seja gentil com os seus alunos C porque um deles voltará e construirá um laboratório de ciências de dois milhões de dólares."

Um professor do seminário de Princeton descobriu que o espírito do otimismo faz a diferença. Pesquisando a vida de grandes pregadores do século passado, observou a ampla variedade de dons e personalidades, indagando-se: "O que essas pessoas brilhantes tinham em comum além da fé?" Depois de vários anos de busca ele encontrou a resposta. Era a alegria. Na maioria dos casos, eram homens felizes.

Existe pouca diferença nas pessoas, mas essa pequena diferença faz uma grande diferença. A pequena diferença é a atitude. A grande diferença é se ela é positiva ou negativa. Em nenhum outro lugar esse princípio está mais bem ilustrado do que na história da jovem noiva do Leste que, durante a guerra, seguiu seu marido para um acampamento do exército americano no fim do deserto da Califórnia.

As condições de vida eram primitivas, e o seu marido já havia advertido sobre isso, mas ela queria ficar com ele. A única casa que eles arrumaram foi um barraco perto de uma tribo indígena. O calor era insuportável durante o dia — 46 graus à sombra. O vento soprava constantemente, espalhando sujeira e areia em tudo. Os dias eram longos e chatos. Seus únicos vizinhos eram os índios; ninguém falava inglês. Quando seu marido foi levado para mais longe no deserto por duas semanas, a solidão e a precária condição de vida foram a gota d'água para ela. Escreveu para sua mãe dizendo que ia voltar para casa. Não aguentava mais.

Em pouco tempo, recebeu uma resposta que incluía estas duas linhas: "Dois homens olhavam através das grades de uma prisão; um viu lama, e o outro viu estrelas." Ela leu as linhas várias vezes e começou a se envergonhar de si mesma. Não queria deixar seu marido. No dia seguinte, resolveu fazer amizade com os índios, pedindo-lhes que ensinassem a ela tecelagem e artesanato. No início, ficaram distantes, mas logo que perceberam seu interesse verdadeiro começaram a ficar amigos. Ela passou a admirar a cultura e a história deles — de fato, tudo sobre aquele povo. Conforme o estudava, o deserto passou de um lugar desolador, proibido, para algo muito bonito.

Pediu então que a mãe lhe enviasse livros. Estudou a forma dos cactos e das árvores. Coletava conchas que ficaram para trás quando o deserto havia sido oceano. Tornou-se uma expert na área e acabou escrevendo um livro sobre o assunto.

O que havia mudado? Não foi o deserto; nem os índios. Ao mudar sua própria atitude, ela transformou uma experiência infeliz em algo recompensador.

Aplicação

Existe pouca diferença nas pessoas, mas essa pouca diferença faz uma grande diferença. Essa diferença é a atitude. Pense em algo que você deseja. De que atitude precisará para conseguir?

Axioma de atitude número 4:
Nossa atitude no início da tarefa afetará o resultado mais do que tudo

Treinadores entendem a importância da atitude certa em sua equipe antes de enfrentar um oponente de peso. Cirurgiões querem ver seus pacientes mentalmente preparados antes da operação. Quem está desempregado sabe que os empregadores buscam mais que habilidades. Oradores querem uma atmosfera positiva antes de falar para seu público. Por quê? Porque a atitude certa no início conduz ao sucesso no fim. Você está familiarizado com o ditado: "Tudo está bem quando acaba bem." Uma outra verdade é: "Tudo está bem quando começa bem."

Um dos princípios mais importantes que eu ensino em conferências evangélicas é a importância da nossa atitude no testemunho. Na maioria das vezes, o modo como apresentamos o evangelho é ofensivo, não o evangelho em si. Duas pessoas podem compartilhar a mesma notícia com a mesma pessoa e receber respostas diferentes. Por quê? Geralmente a diferença está na atitude. A testemunha ansiosa diz para si mesmo: "As pessoas estão famintas pelo evangelho e desejosas de uma mudança positiva na vida delas." A testemunha relutante diz para si mesma: "As pessoas não estão interessadas em coisas espirituais e não querem ser incomodadas." Essas duas atitudes não vão apenas determinar o número de tentativas de testemunho (você consegue adivinhar qual irá testemunhar?), mas também os resultados, se ambos dividirem a mesma fé.

O estadista americano Hubert H. Humphrey era admirado por milhões. Seu entusiasmo era contagiante. Quando ele morreu, recortei de um jornal uma de suas frases para sua esposa na primeira viagem que fizeram a Washington, D.C., em 1935: "Eu posso ver como algum dia, se eu e você nos convencermos de que podemos fazer coisas grandes, podemos algum dia viver aqui em Washington e provavelmente entrar para o governo, política ou sermos servidores públicos. Oh Deus, eu espero que meu sonho se realize; eu vou tentar de qualquer forma." Com esse tipo de atitude, não tinha como dar errado!

A maioria dos projetos dão certo ou errado antes de começarem. Um jovem alpinista e um guia experiente estavam subindo um pico muito alto em Sierras. Uma manhã bem, bem cedo, o jovem foi acordado por um tremendo barulho de lago rachando.

Estava convencido de que o fim do mundo estava chegando. O guia respondeu: "Não é o fim do mundo, apenas o início de um novo dia." Quando o sol nascia, os raios tocavam o gelo que derretia.

Muitas vezes somos culpados por vermos nossos desafios futuros como o pôr-do-sol da vida, em vez do nascimento de uma nova oportunidade.

Por exemplo, existe a história de dois vendedores de sapatos que foram enviados a uma ilha para vender sapatos. O primeiro vendedor, na chegada, ficou chocado ao perceber que ninguém usava sapatos. Imediatamente enviou um telegrama para o escritório em Chicago, comunicando: "Volto para casa amanhã. Ninguém aqui usa sapato." Já o segundo vendedor ficou maravilhado. Imediatamente ligou para o escritório em Chicago encomendando dez mil sapatos. "Todos aqui precisam deles", explicou.

Aplicação

Por que não escrever um projeto que você negligenciou por causa de uma atitude não saudável? Leia o axioma da atitude número 4 novamente e liste todos os benefícios que advirão desse projeto. Lembre-se: "Tudo está bem quando começa bem." Levante o nível de sua atitude.

Axioma da atitude número 5:
É por nossa atitude que nossos problemas podem virar bênçãos

No livro *Awake, my heart*, meu amigo J. Sidlow Baxter escreve: "Qual a diferença entre um obstáculo e uma oportunidade? Nossa atitude. Toda oportunidade tem uma dificuldade, e toda dificuldade tem uma oportunidade."[1]

Quando somos confrontados com uma situação difícil, uma atitude brilhante nos faz aproveitar o melhor dela, mesmo levando o pior. A vida pode ser comparada a uma pedra de amolar. Se ela mói você ou lhe dá polimento, depende da sua atitude.

Uma vez, ouvi a seguinte declaração em uma conferência de jovens líderes: "Nenhuma sociedade desenvolveu homens fortes em tempos de paz." Adversidade é prosperidade para quem cultiva atitudes corretas. As pipas sobem contra o vento, não na direção dele. Quando o vento da adversidade soprar, permita que ele seja para você o que é para a pipa — uma força contrária que o leva para mais alto. Uma pipa não voaria sem o controle de tensão das linhas. Na vida ocorre o mesmo.

Quando os colegas de escola de Napoleão zombaram dele por causa da pobreza e da origem humilde, ele decidiu dedicar-se inteiramente aos seus livros. Rapidamente superando seus colegas de classe, conseguiu o respeito deles, sendo logo reconhecido como o melhor na classe.

Se o`germe da semente tem que lutar para brotar através das pedras e do solo duro, para conseguir sol e ar e também, lutar contra a chuva, neve e gelo, o caule ficará mais forte e mais robusto.

Poucas pessoas conheciam Abraham Lincoln até a Guerra Civil mostrar seu caráter.

Robinson Crusoé foi escrito na prisão. John Bunyan escreveu na sela de Bedford. Lorde Walter Raleigh escreveu *A história do mundo* ao longo de seus treze anos de prisão. Lutero traduziu a Bíblia confinado no castelo de Wartburg. Por dez anos Dante, autor da *Divina comédia*, trabalhou no exílio e sob pena de morte. Beethoven estava quase surdo e tomado pela mágoa quando produziu suas maiores obras.

Quando Deus quer educar um homem, ele não o manda para a escola das graças, mas para a escola das necessidades. Das masmorras José veio ao trono. Moisés pastoreava ovelhas no deserto antes de Deus chamá-lo para servir. Pedro, humilhado e quebrantado por sua negação a Cristo, atendeu ao comando para "apascentar minhas ovelhas". Oseias amava e se importava com uma esposa infiel por obediência a Deus.

Em chinês, as palavras são escritas com símbolos. Muitas vezes, dois símbolos diferentes são colocados juntos para designar um terceiro significado. Um exemplo é o símbolo para "homem" e para "mulher". Quando juntos, significam "bom".

Pode-se dizer o mesmo quanto a sonhos e problemas. Já que as respostas sempre estão nas questões, as oportunidades da vida também estão nos problemas. Thomas Edison afirmou: "As oportunidades são muito mais numerosas que pessoas que conseguem enxergá-las."

Grandes líderes surgem em meio às crises. Biografias de pessoas bem-sucedidas mostram que são as dificuldades que as fazem sobressair. É quando não só acham as respostas, mas descobrem um tremendo poder nelas mesmas. Como a marola no meio do oceano, essa força se torna uma onda poderosa quando sobrevêm as circunstâncias. Surgem então o atleta, o político, o cientista, o homem de negócios. David Sarnoff afirmou: "Está cheio de segurança no cemitério; eu quero oportunidade."

Sabemos quando nossa atitude está no caminho certo quando somos como o pequeno negociante cuja loja de roupas foi ameaçada de extinção. Uma cadeia nacional de modas migrou para a vizinhança e comprou todas as propriedades do quarteirão. Esse negociante em particular se recusou a vender sua loja. "Ok, nós vamos construir aqui perto e tirar você do mercado", foi a resposta. Chegou o dia em que o pequeno comerciante se viu às voltas com uma nova loja de departamentos esmagando seu pequeno negócio, equipada de faixas enormes: "Grande inauguração!" O comerciante então colocou um banner gigantesco em toda a largura de sua loja: "Entrada principal."

Aplicação

Liste dois problemas bastante presentes em sua vida. Descreva suas reações atuais a eles. São negativas? Seu desafio: descubra pelo menos três benefícios para cada problema. Agora, ataque-os com olhos fixos no benefício, não nas barreiras.

Axioma da atitude número 6: Nossa atitude pode nos proporcionar uma incomum perspectiva positiva

O resultado dessa verdade: a conquista de metas incomuns. Pude observar os diferentes métodos e objetivos alcançados por quem pensa positivo, comparados aos de quem deixou que seu coração se enchesse de medo e apreensão.

Por exemplo, quando Golias veio para Israel, os soldados pensaram: "*Ele é um inimigo tão grande que nunca vamos matá-lo.*" Davi olhou para o mesmo gigante e observou: "*Ele é um alvo tão grande que eu não vou errar.*"

Um exemplo mais próximo a nós: no shopping ou qualquer local com estacionamento lotado, você tenta vaga no lugar mais distante ou continua rodando na expectativa de alguém sair? Quem nutre uma perspectiva positiva da vida sempre continua em frente. Uma vez um amigo me perguntou por que eu sempre achava que ia conseguir vaga mais à frente. Minha resposta: "Quem está saindo agora da loja provavelmente chegou mais cedo, estacionando mais perto da entrada." Quando alguém sai, estaciono no local e sempre aceno. É o mínimo que eu posso fazer pela pessoa que guardou meu lugar no estacionamento.

O presidente do Moody Bible Institute, George Sweeting, em seu sermão chamado "Atitude que faz a diferença", menciona um escocês muito trabalhador que esperava que todos os seus funcionários agissem da mesma forma. Eles brincavam: "Scotty, você sabia que Roma não foi construída em um dia?" "Sim", ele respondia, "Mas eu não era o chefe da construção."

Quem mantém uma abordagem positiva da vida nem sempre é bem compreendido. É o que chamariam "sem limites", pois não aceita as limitações normais da vida como a maioria. Sua resposta para condições limitadas costuma ser "por quê?" em vez de "está certo". É claro que ele tem limitações na vida. Seus dons não são tão poderosos ao ponto de evitar falhas. Mas está determinado a aproveitar o máximo de seu potencial ou do potencial de um projeto específico antes de aceitar a derrota.

Ele é como a mamangava. De acordo com uma teoria de aerodinâmica, como mostrado em testes em túneis com vento, a mamangava não poderia voar. Por causa do tamanho, peso e forma de seu corpo em relação ao tamanho da asa, voar seria cientificamente impossível para esse inseto. No entanto, a mamangava ignora solenemente a teoria científica, passeando pelo ar e fabricando mel todos os dias.

Um comando mental permite que a pessoa comece cada dia com uma disposição positiva, como o ascensorista na segunda-feira de manhã. No elevador cheio, ele começa a entoar uma canção. Um dos passageiros se irrita com o bom humor do ascensorista e reclama: "Por que o senhor está tão feliz?" O homem respondeu com alegria: "Nunca vivi este dia antes!"

Diante da pergunta sobre qual dos seus trabalhos considerava sua obra-prima, o arquiteto Frank Lloyd Wright , então com 83 anos, respondeu: "O próximo."

O futuro não apenas parece brilhante quando a atitude é, mas o presente fica muito melhor. Uma pessoa positiva entende que a jornada é tão atraente quanto o destino.

Um dia um homem estava vendo dois construtores trabalhando em um prédio. Ele percebeu que um deles ficava reclamando o tempo todo do trabalho. Quando perguntaram em que consistia o serviço, ele respondeu: "Empilhar pedras o dia inteiro, até ficar com as costas quebradas." O outro assobiava enquanto trabalhava. Seus movimentos eram precisos, e seu rosto brilhava de satisfação. Quando perguntaram em que consistia seu serviço, respondeu: "Senhor, eu não estou fazendo apenas uma parede. Estou ajudando a construir uma catedral."

Um amigo meu em Ohio pegava uma rodovia interestadual para ir para o trabalho, uma empresa de caminhões. Sabendo as centenas de quilômetros que ele percorria por semana, uma vez lhe perguntei como ele não ficava extremamente cansado. "Tudo está na sua atitude", explicou. "Alguns motoristas 'vão para o trabalho' pela manhã, mas eu 'dou um passeio pelo campo'." Esse tipo de perspectiva positiva dá a ele a "margem" na vida.

Aplicação

Perceba as limitações que você e seus amigos aceitam hoje. A cada tipo de limitação, questione-se: Por quê? Exemplo: "Por que eu escolho um lugar longe no estacionamento sem checar o que está mais perto primeiro?" Procure sempre lembrar-se desse exercício: perguntar *por que* para tornar-se uma "pessoa sem limites".

Axioma da atitude número 7: Nossa atitude não é automaticamente boa porque somos cristãos

Vale a pena observar que os sete pecados mortais (orgulho, cobiça, luxúria, inveja, raiva, gula e preguiça) são todos questão de atitude, espírito interior e motivos. Tristemente, muitos cristãos carnais carregam consigo problemas de natureza espiritual. Eles são como o irmão mais velho do filho pródigo, acham que fazem tudo do jeito certo. Ele escolhe ficar em casa com o pai. De forma alguma ele passaria o tempo colhendo cereais. Porém, quando o irmão mais jovem chega em casa, algumas das más atitudes do irmão mais velho começam a se evidenciar.

Primeiro, um sentimento de autoimportância. O irmão mais velho estava no campo fazendo o que deveria fazer, mas ficou furioso quando a festa começou em casa. Não porque não gostasse de festas. Sabemos que gostava, porque reclamou com o pai dele que ele nunca o deixava fazer uma!

Em seguida, um sentimento de autopiedade, expresso na exclamação: "Olha! Todos esses anos tenho trabalhado como um escravo ao teu serviço e nunca desobedeci às tuas ordens. Mas tu nunca me deste nem um cabrito para eu festejar com os meus amigos. Mas quando volta para casa esse teu filho, que esbanjou os teus bens com as prostitutas, matas o novilho gordo para ele!" (Lucas 15:29, 30).

Com frequência perdemos de vista o real significado da história do filho pródigo. Esquecemos que não temos um, mas dois filhos pródigos. O irmão mais jovem é culpado pelos pecados da carne, enquanto o irmão mais velho é culpado pelos pecados do espírito (atitude). Quando a parábola se encerra, é o filho mais velho — o segundo pródigo — que se mantém fora de casa.

Em Filipenses 2:3-8, Paulo fala das atitudes próprias aos cristãos:

> Nada façam por ambição egoísta ou por vaidade, mas humildemente considerem os outros superiores a si mesmos. Cada um cuide, não somente dos seus interesses, mas também dos interesses dos outros. Seja a atitude de vocês a mesma de Cristo Jesus, que, embora sendo Deus, não considerou que o ser igual a Deus era algo a que devia apegar-se; mas esvaziou-se a si mesmo, vindo a ser servo, tornando-se semelhante aos homens. E, sendo encontrado em forma humana, humilhou-se a si mesmo e foi obediente até a morte, e morte de cruz!

Paulo nos mostra cinco coisas sobre uma atitude cristã adequada:

1. Faça as coisas pelas razões certas (versículo 3).
2. Considere os outros mais importantes do que você (versículo 3).
3. Olhe pelos interesses dos outros (versículo 4).
4. Cristo reconheceu sua condição de filho e assim estava disposto a servir a Deus e aos outros (versículo 6).
5. Tenha a atitude de Cristo, que não tinha sede de poder (versículo 6), mas, em vez disso, se esvaziou (versículo 7),

demonstrou obediência (versículo 8) e cumpriu o propósito de Deus (versículo 8).

Quando nosso estilo de vida está focado no verso 4, olhar por nossos interesses pessoais, nós nos tornamos como o irmão mais velho. Alimentamos atitudes de ciúme, pena e egoísmo. Cristãos que não possuem uma causa maior do que eles mesmos não são mais felizes do que aqueles que, embora não reconhecendo Cristo como salvador, cultivam um propósito maior do que eles mesmos.

Essa atitude de "irmão mais velho" tem três possíveis consequências, e nenhuma das três é positiva.

Primeiro, podemos assumir o lugar e o privilégio de um filho ao mesmo tempo em que recusamos as obrigações de irmão. O irmão mais velho estava certo, consciencioso, trabalhador e ciente de suas tarefas, mas veja a atitude dele. Perceba também que um relacionamento errado com o irmão levou a uma relação desgastada com o pai (Lucas 15:28).

Segundo, é possível servir ao pai com fé e não estar ligado a ele. Um relacionamento correto normalmente cultivará interesses e prioridades em comum. Porém, o irmão mais velho não sabia por que o pai se alegrara tanto diante do retorno do filho.

Terceiro, é possível ser herdeiro de todas as posses de nosso pai e ter menos alegria do que alguém que nada tem. O servos estavam mais felizes do que o filho mais velho. Eles comiam, riam e dançavam enquanto ele ficava do lado de fora exigindo seus direitos.

Uma atitude errada manteve o irmão mais velho longe do desejo do pai, do amor de seu irmão e da alegria dos servos. Atitudes erradas em nossa vida vão bloquear as bênçãos de Deus e nos fazer viver abaixo do potencial de vida que Deus nos deu.

Aplicação

Quando nossa atitude começa a se assemelhar à do filho mais velho, devemos nos lembrar do seguinte:

1. *Nosso privilégio*: "Meu filho, você está sempre comigo" (versículo 31).
2. *Nossas posses*: "Tudo o que tenho é seu" (versículo 31).

Tire um momento para listar seus privilégios e posses em Cristo. Como somos ricos!

SEÇÃO II

A construção da sua atitude

Capítulo 4

É difícil voar alto como as águias quando se tem que morar com os perus

A última das liberdades humanas é escolher a atitude em qualquer circunstância.
Victor Frankl

Nosso ambiente controla nossos voos. Pensar como um peru + conversar como um peru = andar como um peru. Nós misturamos facilmente a cor do nosso ambiente. Ter as mesmas opiniões, comportamentos, prioridades e conversas são muito comuns nas culturas individuais. Após o casamento, os cônjuges se parecem cada vez mais um com o outro. Muitas vezes, membros de uma mesma família exibem as mesmas características.

Uma vez, um homem que não via o irmão há muitos anos foi ao aeroporto buscá-lo. Depois de um período de espera, começou a andar pelo terminal. Sem hesitar, assim que avistou o irmão, chamou-o e se abraçaram, felizes. Quando perguntado sobre como havia reconhecido o outro, respondeu: "O andar dele era igual ao do meu pai."

É verdade: mudamos facilmente para nos encaixarmos em nosso ambiente. Nossos filhos, Elizabeth e Joel Porter, são adotados. Embora possuam atitudes particulares, tornaram-se muito parecidos conosco. Pessoas que sabem que crianças são adotadas, geralmente ressaltam as similaridades. De fato, minha mãe, que nos visitou recentemente, começou a falar das similaridades físicas entre Elizabeth e minha esposa Margaret. De repente, exclamou: "Eu esqueci que ela era adotada!"

Sem dúvida, nosso ambiente ajuda a construir atitudes também.

As escolhas se opõem ao ambiente na questão da construção da atitude. Em termos mais lógicos que emocionais, nossas escolhas se manifestam quando percebemos que somos livres. Essa lógica se torna mais convincente nas palavras de Victor Frankl, sobrevivente de um campo de concentração nazista: "A última das liberdades humanas é escolher a atitude em qualquer circunstância."

Jó, doente e pobre, recusou-se a ouvir o conselho de sua esposa: "Amaldiçoa a Deus e morre!" Ele a repreendeu, dizendo: "Você fala como uma insensata. Aceitaremos o bem dado por Deus e não o mal?" (Jó 2:10). Esses dois pontos de vista sobre como as atitudes são construídas levantam a questão: "O que vem primeiro, a condição ou a escolha?" O seguinte quadro nos ajudará a responder a essa pergunta.

O que vem primeiro

Condições	Maturidade
Juventude	Voluntária
Involuntária	Nós escolhemos
Outros escolhem	Nós agimos
Nós reagimos	**Escolha**

Idade aumenta →

Em nossa vida jovem, nossas atitudes são determinadas principalmente por nossas condições. Um bebê não escolhe sua família ou ambiente. Mas, ao longo de seu crescimento, seu leque de opções também aumenta.

Um tempo atrás, eu conduzi um seminário sobre liderança em Columbus, Ohio. Por um dia inteiro tratei da importância de nossas atitudes e da tremenda diferença que fazem em nossa vida. Em um dos intervalos, um homem me contou a seguinte história:

> Não me lembro de nenhum elogio feito por meu pai a mim em toda minha vida. Seu pai também achava pouco masculino expressar afeição ou apreciação. Meu avô era um perfeccionista que trabalhava duro e esperava que todo mundo fizesse o mesmo sem um reforço positivo. E, como ele não era nem positivo, nem muito sociável, havia uma rotatividade grande entre seus empregados.
>
> Por essa experiência que tive, tornou-se difícil encorajar minha família. A atitude crítica e negativa atrapalhou minha vida profissional. Criei cinco filhos e procurei ser um exemplo de vida cristã para eles. Tristemente, é mais fácil reconhecerem meu amor por Deus que por eles. Eu os mantive na fome de afirmações positivas. A tragédia é que os vejo agora transmitindo a meus netos a mesma atitude negativa.
>
> Nunca tinha percebido tão fortemente a importância de se "adotar uma atitude" frente às condições do ambiente. Essa atitude negativa atravessou cinco gerações. Agora é hora de parar! Hoje tomo a firme decisão de mudar isso. Não será feito de um dia para o outro, mas será feito. Não será conquistado com facilidade, mas será!

Essa história abrange tanto as condições que moldam nossa cosmovisão quanto a escolha por mudança. Ambas possuem uma parte vital na construção de nossa atitude. Nenhuma pode ser responsabilizada sozinha por formar nossa mente.

Aplicação

Liste as condições que tiveram influências positivas e negativas em sua vida (por exemplo, em uma situação particular, você procurou o lado bom ou encarou o problema com humor?).

Condições		Escolhas	
Positivas	Negativas	Positivas	Negativas

Capítulo 5

Fundações de verdade sobre a construção de atitude

As correntes de ar da vida nos tiram da linha e tentam nos impedir de conquistar nossas metas. Um clima diferente pode mudar nossa direção e estratégia. Devemos ajustar nosso pensamento para podermos viver corretamente.
JOHN MAXWELL

Antes de olharmos para coisas específicas que ajudam a construir atitudes, devemos entender alguns princípios básicos sobre a formação da atitude.

1. Os anos de formação de uma criança são os mais importantes para implantarmos boas atitudes

Especialistas em crianças geralmente concordam que um desenvolvimento positivo é a principal razão para o futuro do sucesso de uma criança. As atitudes que aceitamos quando crianças são geralmente as atitudes que aceitamos quando adultos. É difícil nos livrarmos de nosso treinamento infantil. Provérbios 22:6 diz: "Instrua a criança segundo os objetivos que você tem para ela e, mesmo com o passar dos anos, não se desviará deles." Por quê? As emoções e as atitudes que se formam cedo na vida se tornam parte de nós. Nós nos sentimos confortáveis com elas, mesmo quando erradas. Mesmo se nossas atitudes nos deixam desconfortáveis, ainda são difíceis de mudar.

No meu último ano do segundo grau, decidi aprender sozinho a jogar golfe. Por meses eu jogava de forma errada, mas com entusiasmo. Um dia, no curso de golfe, um amigo me disse: "John, você fica muito perto da bola depois de bater nela." Eu tinha desenvolvido uma tacada que se lançava ao céu como uma banana. Sem problemas; compensei o erro assim: para colocar a bola no caminho certo, apontava para a floresta à esquerda.

Aí, um dia, joguei com um excelente jogador. A bola dele ia reta e seu giro era devagar. Depois de observar alguns dos meus arremessos de bumerangue, ele me ofereceu ajuda. "O que tem de errado com o meu jogo?", perguntei. "Tudo!", ele respondeu.

As lições começaram. Percebi depois de algumas semanas que é mais difícil aprender algo errado, desaprender e aprender de novo do que aprender certo pela primeira vez. Isso é com certeza verdadeiro sobre nossas atitudes. Tudo o que sentimos e aceitamos tão cedo fica em nós, mesmo quando tomamos conhecimento da situação e queremos mudar. As primeiras impressões em nossa vida não são as únicas impressões, mas muitas vezes elas são as mais duradouras.

2. O crescimento da atitude é constante

Nossas atitudes são formadas pelas nossas experiências e como escolhemos reagir a elas. Porém, ao longo da vida, formamos, mudamos ou reforçamos atitudes. Não há atitudes inalteráveis. Somos como a menininha a quem a professora da escola dominical perguntou: "Quem fez você?" Ela respondeu: "Bem, Deus fez parte de mim." "Como assim, Deus fez parte de você?", perguntou a professora, surpresa. "Bem, Deus me fez pequena, e depois eu cresci o resto sozinha."

Que verdade! As atitudes formadas em nossos primeiros anos de vida não permanecem necessariamente as mesmas através dos anos. Muitas vezes, o casamento atinge "águas profundas" por causa da mudança de atitude de nosso parceiro. As pessoas algumas vezes trocam de esposa durante a vida por causa de uma mudança de atitude.

Meu pai sempre foi uma influência positiva em minha vida. Uma vez, em visita a meus pais no leste do país, vi que ele estava lendo o livro de Norman Vincent Peales, *O poder do pensamento positivo*. Quando eu me dei conta de que ele já havia lido esse livro antes, ele respondeu com entusiasmo: "Claro! Preciso continuar construindo minha atitude."

3. Quanto mais nossa atitude cresce no mesmo alicerce, mais sólida ela fica

Reforçar os alicerces de nossas atitudes, sejam positivos ou negativos, é o que nos torna mais fortes. Meu pai percebeu essa verdade quando se comprometeu em reler seus livros de pensamento positivo. Uma de suas práticas para desenvolver a atitude era escrever um pensamento positivo em um cartão ou pedaço de papel e ler várias vezes durante o dia. Eu o vi puxar o cartão a cada quinze segundos para ler as frases positivas. Decidi adotar o mesmo procedimento. Creio que, quanto mais reforçar minha mente com boas leituras, mais forte ficarei.

4. Muitos construtores (especialistas) nos ajudam a construir nossas atitudes em um certo lugar e tempo

Para se construir uma casa, certos especialistas são necessários para completar a estrutura. O tempo deles pode ser mínimo e a contribuição pequena, porém são parte importante na construção da casa. Do mesmo modo, algumas pessoas chegam em nossa vida para construir ou destruir nossas perspectivas.

Uma senhora uma vez me disse: "No meu último ano de segundo grau, minha professora de inglês afixou no quadro uma redação minha e começou a rasgá-la na frente da classe. Eu me vi humilhada e me senti uma idiota. Em seguida, ela sentenciou que eu não duraria um ano na faculdade. Nunca esqueci esse incidente." Uma professora, em um dia, afetou a autoimagem de uma vida inteira.

5. Não existe uma atitude perfeita e sem defeitos

Em outras palavras, todos temos atitudes que precisam ser remodeladas. Ensinando-me sobre aviões, meu amigo explicou: "Ainda não inventaram uma aeronave que não tivesse que ser equilibrada." Aviões precisam de ajustes contínuos para funcionarem perfeitamente. Isso também é verdade em relação à nossa atitude. As correntes de ar da vida nos tiram da linha e tentam nos afastar de nossos objetivos. Um clima inesperado pode mudar nossa direção e estratégia.

Nossas atitudes precisam ser ajustadas a todas as mudanças que nos sobrevêm. Precisamos ser como a mula velha de um fazendeiro do Missouri. Um dia, a mula caiu em um poço seco. O fazendeiro, que amava seu animal, tentou tudo que podia para resgatá-lo. Finalmente, já tendo decidido que o resgate era impossível, começou a enterrar a mula. Enquanto ele jogava uma pá de trator cheia de areia no poço, a poeira começou a voar, e a mula começou a fazer barulho. Logo ela estava no topo da sujeira, dois pés acima do que antes. Depois de algumas pás, a mula apareceu triunfante no topo e caminhou.

Todos encontram tempestades e poços secos em suas vidas que ameaçam destruir a atitude. O segredo de uma chegada segura é continuamente ajustar suas perspectivas.

Atitude aplicada

Nossa atitude não fica estagnada. Um balão meio cheio está cheio de ar, mas não está cheio de capacidade. Um elástico que segura dois objetos só é eficiente quando esticado. O que requer que sua atitude estique? Você está conseguindo se adaptar? Escreva algo que identifique o que, em sua opinião, será sua próxima "tempestade". Agora, pense na estratégia que você vai usar para contrabalançar uma possível atitude ruim em relação a essa situação.

Capítulo 6

Materiais que são usados para construir uma atitude

As pessoas não sabem o quanto você sabe até saberem o quanto você se importa.
JOHN MAXWELL

Como você já deve ter compreendido, as atitudes não são formadas automaticamente e não são moldadas no vácuo. Este capítulo lidará com as principais influências que tornam a nossa atitude o que ela é hoje. Embora esses "materiais", listados abaixo em ordem cronológica, coincidam em parte, sua influência é maior em alguns momentos do que em outros.

Personalidade/Temperamento

NASCIMENTO:	Ambiente
1 A 6 ANOS:	Expressão verbal
	Aceitação/afirmação adulta

6 A 10 ANOS:	Autoimagem
	Exposição a novas experiências
11 A 21 ANOS:	Associações com iguais
	Aparência física
21 A 61 ANOS:	Casamento, família, trabalho
	Sucesso
	Ajustes
	Avaliação da vida

Todos esses fatores desempenham um papel importante e não podem exatamente ser "encaixotados" em faixas etárias. E no entanto, como indicado acima, existem certas idades em que esses fatores exercem maior influência.

Aplicação da Atitude

Tire um momento para pensar nos materiais que construíram suas atitudes. Escreva suas respostas.

PERSONALIDADE/TEMPERAMENTO: Eu nasci neste mundo com uma personalidade ____________________. Ela afetou minha atitude quando ____________________.

AMBIENTE: Quando criança, meu ambiente era geralmente (a) seguro, (b) instável, (c) intimidante.

EXPRESSÃO ORAL: Eu me lembro de uma situação em que alguém me disse uma coisa positiva ou negativa que afetou minha atitude. Explique o comentário e as circunstâncias.

____

____

ACEITAÇÃO/AFIRMAÇÃO ADULTA: Desde minha memória mais antiga eu me senti (a) aceito ou (b) rejeitado pelos meus pais.

AUTOIMAGEM:	Fraca				Excepcional
Minha autoimagem quando criança era:	1	2	3	4	5
Minha autoimagem quando adulto é:	1	2	3	4	5

EXPOSIÇÃO A NOVAS EXPERIÊNCIAS: Uma experiência negativa e uma positiva que ajudaram a cultivar minha atitude atual:

____

____

ASSOCIAÇÃO COM IGUAIS: ____________________ foi a primeira pessoa que teve uma forte influência em minha vida. Agora ____________________ é a mais importante e afeta mais minha atitude.

APARÊNCIA FÍSICA: O que eu gosto mais em minha aparência? O que eu mudaria? Por quê?

____

____

CASAMENTO, FAMÍLIA, TRABALHO: (Essas três áreas da sua vida podem determinar imensamente sua atitude.) Qual área me afeta positivamente? Alguma me afeta negativamente? O que eu vou fazer quanto às influências negativas?

SUCESSO: (Complete esta frase.) Sucesso é:

____

____

Eu sou um sucesso aos olhos dos que mais me amam?

AJUSTES FÍSICOS E EMOCIONAIS: Três ajustes difíceis que eu encarei nos últimos cinco anos:

____

____

Como minha atitude mudou por causa deles?

AVALIAÇÃO DA SUA VIDA: Até agora, minha vida tem sido (a) não realizada, (b) realizada. A vida começa aos __________.

Agora que você avaliou como sua perspectiva foi afetada em várias fases da vida, vamos examinar os materiais específicos que formam sua atitude.

Personalidade — quem eu sou

> Tu criaste o íntimo do meu ser e me teceste no ventre de minha mãe. Eu te louvo porque me fizeste de modo especial e admirável. Tuas obras são maravilhosas! Digo isso com convicção (Salmo 139:13, 14).

Nós nascemos indivíduos distintos. Mesmo dois filhos com os mesmos pais, no mesmo ambiente e com a mesma educação, são totalmente diferentes um do outro. Essas diferenças contribuem com o "tempero da vida" que todos apreciamos. Como casas de conjuntos habitacionais que são todas iguais, se todas as pessoas tivessem personalidades semelhantes, nossa jornada pela vida seria certamente monótona.

Gosto muito da história dos dois homens que, enquanto pescavam juntos, começaram a conversar sobre suas esposas. Um deles observou: "Se todos os homens fossem como eu, todos eles iam querer se casar com a minha esposa." O outro rapidamente respondeu: "Se eles fossem como eu, nenhum deles ia querer se casar com ela."

Um grupo de atitudes acompanha cada personalidade. Geralmente as pessoas desenvolvem atitudes específicas de acordo com seu temperamento. Alguns anos atrás, o pastor e conselheiro Tim LaHaye nos ensinou sobre quatro temperamentos básicos. Através da observação, já notei que uma pessoa com o que ele chama de personalidade Colérica muitas vezes exibe atitudes de perseverança e agressividade. Uma pessoa Sanguínea geralmente será positiva e olhará para o lado bom de tudo. A Melancólica introspectiva pode ser negativa, enquanto a Fleumática diz: "Vem fácil, vai fácil." A personalidade de um indivíduo é composta de uma mistura desses temperamentos, e existem exceções a esses exemplos. No entanto, o temperamento apresenta certa regularidade quando examinamos as atitudes de uma pessoa.

Ambiente — o que está à minha volta

> Portanto, da mesma forma como o pecado entrou no mundo por um homem, e pelo pecado a morte, assim também a morte veio a todos os homens, porque todos pecaram (Romanos 5:12).

Acredito que nosso ambiente é um fator de controle maior no desenvolvimento da nossa atitude do que a nossa personalidade ou outros traços herdados. Antes de começarmos nossa família, Margaret e eu decidimos adotar nossos filhos. Nós queríamos dar a uma criança o benefício de um lar cristão amoroso, uma oportunidade de viver nesse ambiente. Embora nossos filhos possam não ser parecidos conosco fisicamente, eles certamente foram moldados pelo ambiente em que nós os educamos.

É o ambiente do começo da infância que desenvolve o "sistema de crenças". A criança é continuamente "contagiada" por prioridades, atitudes, interesses e filosofias de seu ambiente. É verdade que *aquilo em que eu realmente acredito afeta minha atitude*! Mas aquilo em que eu realmente acredito pode não ser verdade. Aquilo em que eu realmente acredito pode não ser saudável. Pode machucar os outros e me destruir. No entanto, uma atitude é reforçada por uma crença, certa ou errada.

O ambiente é o primeiro fator influenciador do nosso sistema de crenças. Assim a base de uma atitude é construída no ambiente em que nascemos. O ambiente se torna ainda mais significativo quando percebemos que *as atitudes iniciais são as mais difíceis de mudar.*

Por causa disso, quando examinamos a sociedade, temos a tendência de entrar em pânico com a ideia de trazer uma criança para este mundo. Alguém já se expressou de modo bastante depressivo:

> O lixo é insuportável;
> As garrafas não são retornáveis;

As latas vazias não podem ser queimadas;
O barulho é incrível;
O atum não é comestível;
As plataformas de petróleo podem vazar;
Os outdoors, nem se comenta;
As favelas não têm solução;
A poluição é insuportável;
Os fosfatos são indissolúveis;
Os problemas parecem sem solução;
As pessoas, imperdoáveis;
E a vida se tornou intolerável.
(Autor desconhecido)

Um cristão não deve ver a vida tão negativamente. Com Jesus, a vida se torna incrível! Saber disso dá esperança em todos os ambientes. O apóstolo Pedro disse que a misericórdia de Cristo nos fez nascer para uma "esperança viva" (1 Pedro 1:3).

Ainda assim, a idade e o cristianismo não nos tornam imunes às influências do nosso ambiente. Fui pastor da Faith Memorial Church [Igreja Memorial da Fé] em Lancaster, Ohio, por mais de sete anos. Eu me lembro de 1978 como o ano em que Ohio central recebeu muitos batismos de neve e frio. Foi aí que eu percebi que a maioria dos repórteres do tempo têm uma má atitude — eles começam dando não só a temperatura, como também a sensação térmica. Por mais de trinta dias a temperatura nunca subiu acima do congelamento. As contas de serviços foram às alturas. As pessoas se tornaram claustrofóbicas, já que a neve as trancou em casa por dias. O resultado: depressão. Eu ficava uma média de trinta horas por semana aconselhando pessoas que lutavam contra problemas de atitude por causa do mau tempo. Na verdade, às vezes eu fechava os olhos em oração e esperava ouvir Deus dizendo: "Filho, vá para o Havaí!" Mesmo o tempo pode "congelar nossas asas" e nos fazer perder altitude em nossa atitude.

Expressão oral — o que eu ouço

A fé vem por se ouvir... (Romanos 10:17).

"Paus e pedras podem quebrar meus ossos, mas palavras nunca me atingirão."

Não acredite nisso! Na verdade, depois que os hematomas desaparecem, e a dor física vai embora, a dor interna das palavras que machucam continua. Durante uma de nossas reuniões de pessoal eu pedi aos pastores, secretários e zeladores que levantassem suas mãos se pudessem se lembrar de alguma experiência de infância dolorosa por causa das palavras de alguém. Todos levantaram suas mãos.

Um pastor se lembrou de um círculo de leitura na escola. (Você se lembra como essas sessões eram intimidantes?) Quando chegou sua vez de ler, ele pronunciou errado a palavra "fotografia". A professora o corrigiu e a turma riu. Ele ainda se lembra... quarenta anos depois. Um resultado positivo dessa experiência foi que Chuck começou a se esmerar na pronúncia das palavras. Hoje ele é um excelente orador graças a essa determinação.

Outro pastor do meu pessoal falou ao grupo sobre seus primeiros dias no seminário. Ele se sentia sobrecarregado e intimidado por essa nova experiência. A carga de trabalho parecia impossível. Havia milhares de páginas para ler, palavras gregas para aprender, versículos da escritura para decorar e trabalhos escritos para entregar. Embora não tivesse contado a ninguém sobre a pressão que estava sentindo, ela era óbvia àqueles à sua volta.

Notando seu estresse, um aluno mais adiantado se aproximou, pôs o braço em volta do ombro dele e disse: "Amigo, eu quero compartilhar algo com você. Não importa o quão grande é a rocha. Se você continuar batendo, ela vai quebrar." O pastor contou: "De repente, minha enorme rocha se tornou administrável, e eu comecei a bater firmemente, aos poucos. E, certamente, bem como programado — três anos depois — a rocha 'quebrou', e eles chamaram isso de graduação." Dessa vez, as palavras trouxeram encorajamento em vez de dor.

As palavras são poderosas... e no entanto sem significado se presas a um contexto. Palavras idênticas de duas pessoas diferentes muito raramente são recebidas da mesma forma. Palavras idênticas fraseadas de forma diferente raramente têm o mesmo impacto. Palavras idênticas vindas da mesma pessoa geralmente serão interpretadas à luz da atitude de quem fala. Um pai tentou ensinar essa verdade a seu filho. Uma vez o garoto entrou em casa e contou: "Pai, acho que me dei mal na minha prova de aritmética." Seu pai o corrigiu: "Filho, não diga isso; isso é negativo. Seja positivo." Então o garoto disse: "Pai, estou positivamente certo de que me dei mal na minha prova de aritmética."

As palavras podem provocar a expansão ou a retração da nossa vida. Se a maior parte das minhas conversas contém uma tendência negativa, estou convencido de que é melhor não dizer nada. Anos atrás designaram aos novos engenheiros na divisão de lâmpadas da General Electric, como uma brincadeira, a impossível tarefa de congelar os bulbos no interior. Eventualmente, no entanto, um destemido novato chamado Marvin Papkin não só descobriu um modo de congelar os bulbos no interior, como também desenvolveu um ácido que deixava buracos precisamente redondos na superfície em vez de depressões agudas. Isso fortaleceu cada lâmpada. Ninguém tinha dito a ele que isso *não podia* ser feito, então ele o fez!

Aceitação/afirmação adulta — o que eu sinto

> Mas Deus demonstra seu amor por nós: Cristo morreu em nosso favor quando ainda éramos pecadores (Romanos 5:8).

Muitas vezes, dirigindo-me a líderes, eu lhes conto sobre a importância da aceitação/afirmação daqueles que eles estão liderando. A verdade é: *As pessoas não se importam com o quanto você sabe até saberem o quanto você se importa!*

Lembre-se dos seus dias de escola. Quem era sua professora favorita? Por quê? Provavelmente suas memórias mais agradáveis são de alguém que o aceitava e afirmava. Raramente nos lembramos do que nosso professor dizia para nós, mas nos lembramos de como gostavam de nós. Muito antes de entendermos ensinamentos precisamos buscar compreensão. Muito depois de esquecermos os ensinamentos, somos capazes de nos lembrar da sensação de aceitação ou rejeição.

Muitas vezes perguntei às pessoas se elas tinham gostado do sermão de seu pastor na semana anterior. Depois de uma resposta positiva eu pergunto: "Sobre o que era?" Setenta e cinco por cento das vezes elas não conseguem me dar o título do sermão. Eles não se lembram exatamente do assunto, mas se lembram da atmosfera e da atitude em que foi proferido.

Minhas três professoras favoritas da escola dominical são lindos exemplos dessa verdade. Primeiro veio a Katie, minha professora do segundo ano. Quando eu ficava doente e perdia sua aula, ela vinha me visitar na segunda-feira. Perguntava como eu estava me sentindo e me dava uma lembrancinha de alguns centavos que valia um milhão de dólares para mim. Katie dizia: "Johnny, eu sempre ensino melhor quando você está na aula. Quando você vier no próximo domingo de manhã, pode levantar a mão para eu ver que você está presente? Assim eu vou ensinar melhor."

Quando chegava o próximo domingo de manhã, eu estava de pé, me preparando para ir para a escola dominical. Nem mesmo rubéola, febre asiática e a mosca-do-mediterrâneo combinadas poderiam me impedir de receber um pouco da aceitação e afirmação de Katie! Eu ainda me lembro de levantar a mão e ver Katie sorrir para mim lá na frente.

Eu também me lembro de outras crianças levantando suas mãos quando Katie começava a dar aula, e sua aula cresceu rapidamente. O superintendente da escola dominical queria dividir a turma em duas e começar uma outra do outro lado do corredor. Perguntou se havia voluntários para a nova turma, e ninguém levantou a mão. Naquele dia, o segundo ano teve a primeira greve de sentados da igreja. Nossa reivindicação: "Não seremos tirados daqui." Por quê? Nenhuma criança queria ir para o outro lado do corredor e perder as demonstrações contínuas de amor de Katie.

Meu segundo professor favorito foi Roy Rogers (não o dono de Trigger), no quarto ano. Mais uma vez, eu não me lembro muito do que ele dizia, mas eu me lembro do que fazia: transmitia amor e aceitação a um grupo de alunos da quarta série nos dando seu tempo. Ele nos levava para o Parque Ted Lewis e nos ensinava a jogar beisebol. Nós ríamos juntos, suávamos juntos e nos sujávamos juntos. Depois, após uma tarde no campo de beisebol, Roy nos botava em seu grande carro e nós íamos à lanchonete para um cachorro-quente enorme e um milk-shake de chocolate. Eu adorava Roy Rogers!

Glen, que dava aula no terceiro ano, foi meu terceiro favorito. Você já deu aula para um grupo de garotos hiperativos? Geralmente, para esses professores, o fim da aula é uma verdadeira recompensa celestial! Qualquer professor dessa turma que lesse sobre Daniel na cova dos leões diria: "Grande coisa... se eles realmente quisessem testar a fé de Daniel, deveriam tê-lo colocado em uma turma de terceiro ano de meninos!"

Bem, Glen tinha sido colocado na nossa turma. E ele nos adorava. Dava aula para essa turma havia vinte anos. Todo garoto levado, bagunceiro e desatento sentia o amor de Glen. Às vezes, desciam lágrimas por seu rosto quando ele via como o amor de Deus podia transformar garotos da nossa idade.

Um dia Glen parou no meio de sua aula. "Meninos", comunicou, eu oro por vocês todos os dias. Depois da aula eu preciso ver Steve Banner, Phil Conrad, Junior Fowler e John Maxwell." Depois da aula nós quatro nos amontoamos no canto com Glen. "Ontem à noite, enquanto eu estava orando por vocês, eu senti que o Senhor ia chamar cada um de vocês para servir a Cristo em tempo integral", contou ele. "Eu quero ser o primeiro a encorajá-los a obedecer a Deus." Depois ele chorou ao orar, pedindo ao Senhor que nos usasse para sua glória.

Hoje todos nós somos pastores — Steve Banner em Ohio, Phil Conrad no Arizona, Junior Fowler em Oklahoma e eu na Califórnia. Esses professores de escola dominical deixaram uma marca na minha vida. Fui movido por sua aceitação e afirmação.

Recentemente conversei com Mary Vaughn, ex-diretora de aconselhamento no sistema de educação primária de Cincinatti. Pedi que ela apontasse o principal problema nas situações de aconselhamento. "John", respondeu ela sem hesitar, "os problemas psicológicos da maioria das crianças vêm da falta de aceitação e afirmação dos pais e dos colegas." Enfatizou que nível econômico, profissional ou social e outros fatores nos quais a sociedade põe tanto valor eram insignificantes.

Em seguida, ela me contou uma história sobre Dennis, com dez anos de idade. Esse aluno da terceira série estava sempre brigando, mentindo e causando confusão com seus colegas de classe. Ele acreditava que "ninguém gosta de mim, a professora simplesmente pega no meu pé". Ele não respondia às pessoas que realmente se importavam e mais tentavam ajudar. Seu problema? Ele queria tanto a afirmação e o amor de sua mãe que vivia em um mundo de fantasia, sempre falando do amor de sua mãe. Na verdade, sua mãe não fazia nada para afirmá-lo. A necessidade de Dennis de alguém que se importasse era tão grande que ele fantasiava sobre o amor de sua mãe e direcionava sua má atitude para os outros.

Diferentemente de Dennis, eu tive o privilégio de crescer em uma família muito afirmadora. Nunca questionei o amor e aceitação dos meus pais, que eram constantemente afirmados através de ações e palavras. Agora Margaret e eu tentamos criar esse mesmo ambiente para os nossos filhos. Outro dia, estávamos falando sobre a importância de mostrar amor aos nossos filhos. Concluímos que nossos filhos sentem nossa aceitação e afirmação pelo menos trinta vezes por dia. Isso não é demais! Você já ouviu vezes demais que você é importante, amado e apreciado? Lembre-se, *as pessoas não se importam com o quanto você sabe até saberem o quanto você se importa.*

Autoimagem — como eu me vejo

> Porque, como imagina em sua alma, assim ele é (Provérbios 23:7, Almeida Revista e Atualizada).

É impossível agir consistentemente de forma inconsistente com o modo como nos vemos. Em outras palavras, normalmente agimos como reação direta à nossa autoimagem. Nada é mais difícil de conseguir do que mudar ações externas sem mudar sentimentos internos. Ao percebermos que nossa ação é baseada em nossa percepção de nós mesmos, nós também devemos nos lembrar do amor e aceitação incondicionais de Deus. Ele nos considera mais do que nós nos consideramos. Os discípulos podem não ter conseguido grande coisa aos olhos do mundo, mas o chamado de Cristo mudou suas vidas.

Uma das melhores maneiras de melhorar esses sentimentos interiores é botar algum "sucesso" em sua história. Minha filha Elizabeth tende para a timidez e evita novas experiências. Mas, uma vez em que ela se aqueceu para uma situação, é "força total adiante". Quando ela estava na primeira série, sua escola fez uma venda de barras de chocolate para ajudar a atenuar seu fardo financeiro. Cada criança recebeu trinta barras de chocolate e foi desafiada a vender cada uma delas. Quando eu busquei Elizabeth na escola, ela estava segurando seu "desafio" e precisava de um encorajamento positivo. Estava na hora de uma reunião de vendas com a minha nova vendedora.

Em todo o caminho para casa eu lhe ensinei a vender barras de chocolate. Eu cobri cada ponto da lição com meia dúzia de expressões "Você consegue — seu sorriso vai conquistá-los — eu acredito em você". Ao final de nosso caminho de quinze minutos, a jovem sentada ao meu lado se tornou uma vendedora comprometida e cheia de charme. Lá foi ela para a vizinhança com o irmãozinho Joel comendo uma das barras e declarando que era verdadeiramente a melhor que ele já tinha devorado.

Ao final do dia, todas as trinta barras tinham sido vendidas, e Elizabeth estava se sentindo ótima. Eu nunca me esquecerei das palavras que ela orou quando a botei para dormir naquela noite: "Ó, Senhor, obrigada pela venda de chocolate da escola. Foi ótima. Ó, Senhor, ajuda a fazer de mim uma vencedora! Amém."

Essa prece está no desejo do coração de todo mundo. Queremos ser vencedores. Como era de se esperar, Elizabeth trouxe para casa uma outra caixa de barras de chocolate. Agora a grande prova! Tinha exaurido o suprimento de vizinhos amigáveis e foi lançada no mundo cruel do comprador desconhecido. Elizabeth admitiu medo quando fomos para um shopping center para vender nossos produtos. Mais uma vez eu ofereci encorajamento, mais algumas dicas de vendas, mais encorajamento, o lugar certo, *mais* encorajamento. Ela conseguiu. A experiência teve um saldo de dois dias de vendas, duas vendas esgotadas, duas pessoas felizes e uma autoimagem melhorada.

Eu gosto da autoestima demonstrada pelo garoto que puxou animadamente um caule de um pé de milho pela raiz. Quando seu pai o parabenizou, ele estava radiante. "E pense só", entusiasmava-se ele, "o mundo inteiro estava segurando o outro lado!"

Compare-o com Shauna, uma aluna da sexta série. Ela geralmente se comportava como uma sabe-tudo e permanecia arrogante, mesmo quando tinha sido pega roubando. Quando confrontada sobre o roubo, defendeu-se argumentando que tinha feito isso para se vingar de seus pais. Ela não sentia remorso.

Sessões de aconselhamento revelaram que Shauna raramente via seu pai, e ele não a amava. Quando estavam juntos, ela raramente recebia aceitação ou um sentimento de importância. Ela se via como pensava que seu pai a via. O conselheiro de Shauna continuamente lhe dava elogios sinceros e modelava para os pais os ingredientes necessários para criar uma autoimagem apropriada. Com o tempo, o senso de autovalor de Shauna melhorou.

O princípio funciona ao contrário, também. Como nós nos vemos reflete como os outros nos veem. Se gostarmos de nós, aumentaremos as chances de os outros gostarem de nós. *Autoimagem é o parâmetro para a construção da nossa atitude.* Agimos em resposta a como nos vemos. Nunca iremos além das fronteiras que limitam nossos verdadeiros sentimentos sobre nós mesmos. Aqueles "outros países" podem ser explorados somente quando nossa autoimagem está forte o bastante para nos dar permissão.

Exposição a novas experiências — oportunidades de crescimento

> Irmãos, não penso que eu mesmo já o tenha alcançado, mas uma coisa faço: esquecendo-me das coisas que ficaram para trás e avançando para as que estão adiante, prossigo para o alvo, a fim de ganhar o prêmio do chamado celestial de Deus em Cristo Jesus (Filipenses 3:13,14).

Voltaire comparou a vida a um jogo de cartas. Cada jogador deve aceitar as cartas que recebeu. Porém, uma vez que essas cartas estão na mão, só ele decide como jogá-las para ganhar o jogo.

Sempre recebemos várias oportunidades nas mãos. Devemos decidir se corremos um risco e agimos nisso. Nada na vida causa mais estresse e, no entanto, ao mesmo tempo dá mais oportunidades de crescimento do que novas experiências. O conhecido poema

> Minha vida pode tocar uma dúzia de vidas
> Antes que se finde o dia;
> Deixar incontáveis marcas para o bem ou mal
> Até o sol se pôr.

fala do poder da influência.

Aquela primeira linha, com uma palavra modificada, pode ilustrar o efeito de novas experiências em uma vida.

> Minha vida pode *experimentar* uma dúzia de vidas
> Antes que se finde o dia;

Deixar incontáveis marcas para o bem ou mal
Até o sol se pôr.

Meus pais reconheciam o valor de novas experiências e fizeram o melhor para expor cada filho a experiências positivas. Algumas de minhas melhores lembranças são das vezes em que viajei com meu pai. Muitas vezes ele dizia ao meu professor: "Você está fazendo um trabalho excelente ensinando meu filho, mas na semana que vem eu vou levá-lo comigo e lhe mostrar coisas novas." Íamos para outro estado, e minha percepção das pessoas, da natureza e de outra cultura era aumentada.

Serei sempre grato por essas experiências. Jamais vou esquecer de quando encontrei o grande estadista e missionário E. Stanley Jones. Depois de ouvir esse grande gigante espiritual, meu pai me levou ao escritório dele! Lembro-me nitidamente do quarto, da atitude e, mais importante, de suas palavras de encorajamento para mim.

Como pai, é impossível proteger o filho das experiências ruins. Por isso é essencial preparar encontros positivos para construir nele uma autoimagem e segurança. Experiências negativas e positivas devem ser usadas como ferramentas na preparação das crianças para a vida.

A história de Elizabeth não terminou depois de dois dias de vendas bem-sucedidas. Mais tarde, ele foi de porta em porta novamente, encorajando as pessoas a comprarem a barra de chocolate mais gostosa do mundo. Eu a segui no carro. Repetidamente ela sorria, contava a história dela e não tinha sorte. Repetidamente eu sorria para ela e a encorajava a não desistir. Fui cuidadoso ao salientar que vencer é tentar. Estabelecemos uma meta (no fim de um quarteirão grande) e determinamos não desistir até aquela meta ser alcançada.

A cada barra não vendida, os passos dela ficavam mais lentos e meu entusiasmo aumentava. Finalmente, ela vendeu da próxima casa até a última. Voltou correndo para o carro, sacudindo o dinheiro e querendo andar por mais um bloco. Eu disse "ótimo", e ela saiu correndo.

A lição é óbvia. As crianças precisam de afirmações constantes e elogios quando suas novas experiências são desanimadoras. De fato, quanto pior a experiência, mais encorajamento é preciso. No entanto, às vezes ficamos desencorajados quando as vemos tristes. Essa é uma boa fórmula para adotar:

Novas experiências + aplicações do ensinamento x amor = crescimento.

Associações com amigos — quem me influencia

> Quem tem muitos amigos pode chegar à ruína, mas existe amigo mais apegado que um irmão (Provérbios 18:24).

As percepções dos outros sobre nós afetam o modo como nos percebemos. Normalmente correspondemos às expectativas dos outros. Essa verdade se torna evidente aos olhos dos pais quando o filho vai para a escola. O pai não consegue mais controlar o ambiente do filho. Qualquer professor logo compreende que as crianças desenvolvem uma "hierarquia" para a turma, recebendo rótulos e algumas vezes se dirigindo umas às outras com uma honestidade cruel. A pressão dos amigos se torna um problema.

Mary Vaughn, em um de seus estudos de caso envolvendo um aluno iniciante, escreveu: "Um ambiente muito pobre materialmente (pouca vestimenta, abrigo ou comida) não produz necessariamente atitudes negativas em uma criança. É a falta de aceitação dos amigos que produz cicatrizes profundas na criança." Seu exemplo: um aluno iniciante que estava roubando.

Terry parecia pálida e enjoada. O professor estava preocupado com isso. Objetos perdidos eram geralmente encontrados em sua mesa. Depois de aconselhar Terry, uma visita foi marcada com seus pais. A moradia deles tinha quatro cômodos e acomodava nove pessoas. Os quartos tinham poucos móveis, e a pobreza era evidente. Os pais eram gratos pela oferta de ajuda e vestimenta. Eles também estavam dispostos a ajudar Terry. Avaliação do problema: Terry só roubava por causa da pressão dos amigos que o lembravam de sua pobreza. Ele queria as mesmas borrachas bonitas e merendeiras que seus amigos tinham.

Sem dúvida essa experiência ajudou os pais de Terry a perceberem que os outros exerciam uma grande influência sobre ele. Meus pais também logo entenderam isso e ficaram determinados a observar e controlar nossos relacionamentos o máximo possível.

A estratégia deles: proporcionar um ambiente agradável na casa dos Maxwells que também fosse atraente aos amigos dos dois meninos da casa. Isso significava sacrificar as finanças e o tempo. Compraram jogos de tabuleiro, mesas de pingue-pongue e sinuca, máquina de pinball, laboratório de química, quadra de basquete e todos os equipamentos de esporte existentes. Também tínhamos uma mãe que era plateia, juíza, treinadora e fã.

E todas as crianças vinham, frequentemente, vinte a vinte cinco de uma vez. De todos os tamanhos, formas e cores. Todos se divertiam, e meus pais observavam tudo. Algumas vezes, depois que eles iam embora, meus pais perguntavam sobre um de nossos amigos. Eles conversavam abertamente sobre a atitude e o linguajar deles e nos encorajavam a não agir da mesma forma. Eu percebo agora que a maioria de minhas decisões quando crianças eram influência dos ensinamentos do meu pai e a observação de minhas companhias.

Meus pais não limitaram suas observações à minha infância. Quando meu pai percebeu que Margaret e eu estávamos namorando firme, tirou um dia para ir até sua cidade e conversar com seus pais, pastor e professores da escola, para entender o tipo de menina que seu filho estava namorando. Embora ele nunca tivesse me contado essa história até nos casarmos, eu sei que as respostas que ele recebeu foram muito favoráveis. Ele me encorajou a casar com ela! Agora, eu não recomendaria uma observação como essa para todos os pais, mas seu interesse demonstrou amor por mim.

Casey Stengel, treinador de muito sucesso do time de baseball New York Yankees, entendeu o poder da associação na atitude de um jogador de baseball. Billy Martin se lembra do conselho de Stengel para ele quando Martin era um gerente horrível. "Casey disse que haveria quinze jogadores em seu time que atravessariam uma parede por você, cinco que odiariam você e cinco que ficariam indecisos", contou Martin. E Stengel completou: "Quando você for fazer a lista do dormitório, sempre agrupe os ruins juntos, nunca coloque um cara bom com um ruim. Os perdedores vão culpar o técnico por tudo, mas como ficarão isolados isso não se espalhará."

Depois de uma reunião em que eu havia tratado de atitudes e associações, um homem veio até mim para que eu esclarecesse esse conceito de isolamento daqueles que nos colocam para baixo. Sua questão era: "Como podemos ajudar quem está com problemas de atitude se nos afastarmos?" Minha resposta: "Há diferença entre ajudar aqueles com problemas perpétuos de atitude e entre transformá-los em nossos amigos próximos. Quanto mais próximo o nosso relacionamento, mais influenciáveis as atitudes e filosofias de nossos amigos se tornam para nós."

Charles "Tremendão" Jones, autor de *Life is tremendous*, observou: "O que você será em cinco anos será determinado pelo que você lê e com quem você anda." Esse é um bom conselho para nós.

Aparência física — Como parecemos para os outros

> O homem vê a aparência, mas o SENHOR vê o coração (1 Samuel 16:7).

Nossa aparência tem um papel importante na construção de nossa atitude. Uma pressão incrível é colocada nas pessoas para estarem dentro do que é padrão de aceitação. Por um dia, enquanto você estiver assistindo à televisão, perceba como os comercias enfatizam a aparência. Perceba a porcentagem de anúncios lidando com roupas, dietas, exercícios e atração física em geral. Hollywood prega que "a feiúra é *out*, a beleza é *in*". Isso influencia nossa percepção baseada na aparência física. O que pode deixar isso bem mais difícil é a percepção que os outros julgam pela nossa aparência. Recentemente, eu li um artigo sobre negócios que dizia: "Nossa aparência física ajuda a determinar nossa renda." A pesquisa desse artigo mostrava discrepância entre salários de homens de 1,80 comparados àqueles de 1,60. Os homens mais altos recebiam os maiores salários.

Casamento, família e emprego — nossa segurança e *status*

> Deus é o nosso refúgio e a nossa fortaleza, auxílio sempre presente na adversidade (Salmo 46:1).

Novas influências começam a afetar nossa atitude quando chegamos aos 25 anos. É durante essa época que a maioria de nós nos casamos. Isso significa que outra pessoa influencia nossa perspectiva.

Quando eu falo de atitudes, sempre enfatizo a necessidade de nos cercarmos de pessoas positivas. Um dos comentários mais tristes que eu recebo com frequência vem de um amigo que diz que sua companheira é negativa e não quer mudar. De uma certa forma, quando o outro no casal é negativo e não quer mudar, o positivo fica prisioneiro do negativismo. Nessas situações, recomendo ao casal se lembrar dos modelos de cortesia que eles usavam quando estavam se conhecendo.

Observe um casal enquanto estão se cortejando. Eles estão ilustrando duas belas ideias. Estão construindo força e estão esperando o melhor.

É quando a menina tende a ver o rapaz como um príncipe no cavalo branco. Ela está procurando pelo melhor dele e ignora tudo que parece ser fraqueza. O homem vê uma menina com qualidades nobres e qualidades respeitáveis. Então, quando se casam, cada um vê a realidade do outro — a força e a fraqueza. O casamento será bom e revigorante se a fraqueza não for enfatizada. Mas muitos terminam em divórcio porque as forças são ignoradas. Os parceiros vão de esperar o melhor a esperar o pior, de construir um relacionamento forte a focar na fraqueza.

Seja com onze, quarenta ou sessenta anos, sua atitude em relação à vida ainda está construindo. Ao entender o que forma a estrutura de atitude, você e aqueles que você influencia podem manter uma perspectiva mais saudável.

Capítulo 7

O erro mais caro que as pessoas cometem construindo a atitude

Muitos adultos inteligentes... são restringidos em pensamentos, ações e resultados. Eles nunca se movem além das fronteiras de suas limitações autoimpostas.
JOHN MAXWELL

Acontece conosco no momento em que nascemos. Empolgados, membros da família colocam seus narizes no vidro do berçário do hospital e começam a brincar: "Com quem ele se parece?" Depois de muita discussão, fica decidido que o rostinho vermelho, a cara amassada, a falta de dente e a careca do bebê se parece com "Tio Harry".

O rótulo da criança vai aumentando conforme sua personalidade se desenvolve. Essa é uma reação humana normal. Todos fazemos isso. O processo se torna doloroso, porém, quando começamos a colocar limitações em nosso filho porque ele é um aluno "C", um corredor "mediano" ou uma criança "comum". A não ser que os pais exercitem cuidado, seus filhos crescerão esperando o mínimo de si por causa da "caixa" em que os pais o colocaram, com baixas expectativas.

Uma criança na "caixa" foi Adam Clarke, nascido no século dezoito na Irlanda. Quando Adam era estudante, seu pai procurou o professor para lhe dizer que Adam não se sairia bem.

O professor respondeu: "Ele parece inteligente."

Essa declaração mudou sua vida — o deixou fora da caixa em que o pai o colocara a vida toda. Ele viveu até os 72 anos e se tornou um grande acadêmico, pastor metodista e autor de um livro chamado *Christian Teology*. Quando Adam Clarke pregava, diziam, as pessoas realmente prestavam atenção.[1]

Quais são as reais capacidades de uma pessoa? Ninguém sabe. Porém, ninguém deveria em sã consciência pôr limites na vida de outros. Trinta anos atrás, Johnny Weissmuller, também conhecido como Tarzan para os fãs de cinema, era tido como o melhor nadador que o mundo já viu. Médicos e treinadores do mundo exclamavam: "Ninguém vai conseguir quebrar o recorde de Johnny Weissmuller." Ele tinha mais de cinquenta recordes! Sabe quem quebra os recordes dele hoje em dia? Meninas de treze anos! Os recordes das Olimpíadas de 1936 eram o limite para se classificar para os jogos de 1972.

Por décadas, entusiastas de corrida diziam que ninguém quebraria o recorde das milhas de quatro minutos. Por décadas essa previsão pareceu certa. Roger Bannister não ouviu tais presunções. Resultado: Ele quebrou a "impossível" milha de quatro minutos. Atualmente, pelo menos 336 homens conseguiram esse feito. Eles não se deixaram limitar pelas expectativas dos outros.

Lembre-se: *outros podem limitar você temporariamente, mas você é o único que pode fazê-lo permanentemente.*

Um elefante levanta com facilidade uma tonelada com sua tromba. Mas você já visitou um circo onde essas criaturas enormes ficavam quietas em uma pequena jaula de madeira?

Quando pequeno e fraco, o elefante é amarrado por uma corda pesada presa em ferro. Ele descobre que, não importa o quanto tente, não pode quebrar a corrente ou mover a barra de ferro. Então, não importa o quão grande e forte pode ser, continua a acreditar que não pode se mover contanto que ele veja a barra de ferro ao lado dele.

Muitos adultos inteligentes se comportam como o elefante de circo. São podados em pensamentos, ações e resultados. Nunca se movem além das fronteiras da limitação imposta.

Em minhas palestras sobre limitações, costumo tratar do que chamo de "sap strata".

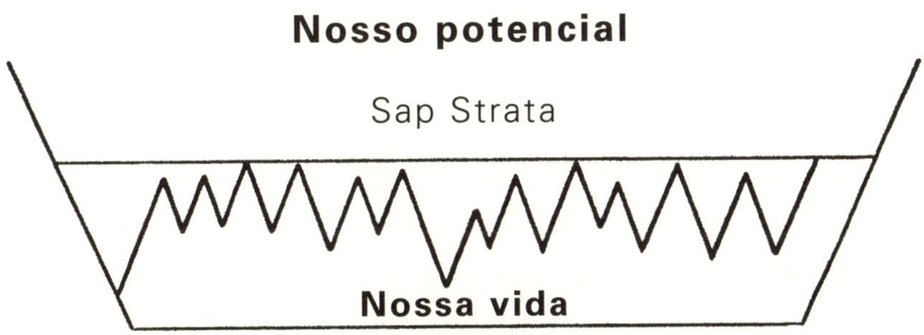

Nessa ilustração, a linha do sap strata representa barreiras e limites impostos. A linha que fica subindo e descendo mostra o nosso momento atual. O esforço que requer atingir o nível sap strata tira o "sap" da gente. Toda vez que fazemos uma tentativa de ultrapassar a linha, existe dor. Pagamos um preço físico e emocional quando, na verdade, ultrapassamos nossas limitações e entramos em uma nova área de potencial.

Mais adiante, nas seções III e IV deste livro, observaremos esse processo mais de perto. Tristemente, muitas pessoas aceitam seu sap strata e nunca alcançam seu potencial. São como pulgas treinadas que pulam para cima e para baixo na latinha. O observador perceberá que a lata não impede as pulgas de saírem. Então por que essas pulgas não pulam do recipiente para a liberdade? A resposta é simples. O treinador, quando começa a domesticar as pulgas, coloca a tampa. As pulgas pulam alto e ficam batendo suas cabeças constantemente. Depois de umas dores de cabeça, as pulgas param de pular tão alto e aproveitam a sua situação confortável. Agora a tampa pode ser tirada, e as pulgas mantidas prisioneiras; não por uma tampa real, mas por um comando cerebral, "até aqui e não mais".

Mark Twain declarou: "Depois de se sentar em um fogão quente, o gato jamais repetirá a experiência. Na verdade, jamais se sentará em um fogão frio novamente." Conclusão: esse gato irá associar fogões com uma experiência ruim e quente, prometendo a si mesmo "nunca mais". Todos nos deparamos com experiências ruins, e ninguém gosta de "tomar uma lição". Porém, penalizamos a nós mesmos e aos outros quando colocamos tampas em nossos potenciais.

Listei abaixo alguns comentários que fazemos sem pensar que podem limitar nosso potencial e nos manter afastados do sap strata.

"Nunca ninguém fez isso antes."

"Nunca tentarei isso novamente."

"Vá com calma."

Agora é a sua vez. Faça uma lista de declarações que limitaram seu potencial.

Se alguém tentar sobrecarregar você com um sap strata, aqui vai um poema com que pode contra-atacar. Leia-o de vez em quando.

Alguém disse que fazer aquilo era impossível,
mas ele, com uma risadinha, replicou
que talvez fosse, mas que não diria isso antes de tentar.
Então, lançou-se à tarefa com um esboço de sorriso
no rosto. Se estava preocupado, não demonstrou.
Começou a cantar enquanto trabalhava naquilo
que era impossível fazer, e fez.

Alguém zombou: "Você não vai conseguir;
pelo menos, ninguém conseguiu."

Ele, porém, arregaçou as mangas,
e, num piscar de olhos, lançou-se à tarefa.
De queixo erguido e com um pequeno sorriso,
sem duvidar ou vacilar,
ele começou a cantar, enquanto trabalhava
naquilo que era impossível fazer, e fez.

Milhares dirão que é impossível,
milhares profetizarão seu fracasso,
milhares lhe apontarão, um por um,
todos os perigos à espreita.
Mas se você arregaçar as mangas e com um pequeno sorriso
lançar-se à tarefa,
se começar a cantar enquanto trabalha
naquilo que é impossível fazer, você fará.

Edgard A. Guest

SEÇÃO III

O choque da nossa atitude

Capítulo 8

Socorro! Socorro! Minha atitude está perdendo altitude

Portanto, também nós, uma vez que estamos rodeados por tão grande nuvem de testemunhas, livremo-nos de tudo o que nos atrapalha e do pecado que nos envolve, e corramos com perseverança a corrida que nos é proposta, tendo os olhos fitos em Jesus.
HEBREUS 12:1,2

Uma das primeiras coisas que eu descobri em um pequeno avião foi que a turbulência muitas vezes torna a viagem um pouco agitada. Assim como os voos têm seu tempo "agitado", a vida também tem. Um dia tranquilo é a exceção, não a norma. Voar reto e no mesmo nível geralmente vem como uma *recuperação* de subidas, descidas e viradas. É a exceção, não a regra.

Você já teve um dia semelhante ao do garotinho em *Alexander and the Terrible, Horrible, No Good, Very Bad Day* [Alexander e o dia terrível, horrível, péssimo, muito ruim] de Judith Viorst?

Eu fui dormir com chiclete na boca, e agora tem chiclete no meu cabelo, e, quando levantei da cama de manhã, tropecei no skate e derrubei meu casaco na pia com a torneira aberta, eu sabia que aquele ia ser um dia terrível, horrível, péssimo, muito ruim.

No café da manhã, Anthony encontrou um kit de carrinho Corvette Stingray na caixa de sucrilhos dele, Junior achou um anel de código de Agente Secreto Disfarçado nos sucrilhos dele, mas na minha caixa só tinha sucrilho mesmo.

Acho que eu vou me mudar para a Austrália.

No carro, a Sra. Gibson deixou Becky sentar na janela. Audrey e Elliot também sentaram na janela. Eu disse que estava sendo amassado. Eu disse que estava sendo esmagado. Eu disse: "Se eu não sentar na janela, eu vou ficar enjoado." Ninguém nem respondeu.

Eu sabia que aquele ia ser um dia terrível, horrível, péssimo, muito ruim.

Na escola, a Sra. Dickens gostou mais do desenho de Paul do barco a vela do que do meu desenho do castelo invisível.

Na hora de cantar, ela disse que eu estava cantando muito alto. Na hora de contar, ela disse que eu pulei o dezesseis. Quem precisa do dezesseis? Eu sabia que aquele ia ser um dia terrível, horrível, péssimo, muito ruim.

Adivinhei porque Paul disse que eu não era mais o melhor amigo dele. Ele disse que Philip Parker era seu melhor amigo, que Albert Moyo era seu segundo melhor amigo e que eu era apenas o seu terceiro melhor amigo.

"Tomara que você sente em uma tachinha", falei para o Paul. "Tomara que da próxima vez em que você comprar um sorvete de morango de duas bolas que todas as duas bolas caiam em cima da Austrália."

Tinha dois bolinhos na merendeira de Philip Parker, e Albert ganhou uma barra de Hershey com amêndoas, e a mãe de Paul lhe deu um pãozinho com geleia que tinha coco ralado em cima.

Adivinha qual mãe se esqueceu de botar a sobremesa?

Foi um dia terrível, horrível, péssimo, muito ruim.

Foi sim, porque depois da escola minha mãe levou todos nós para o dentista, e Dr. Fields achou uma cárie só em mim. "Volte semana que vem, e nós ajeitaremos isso", pediu o Dr. Fields. "Semana que vem eu vou para a Austrália", respondi.

Quando estávamos descendo de elevador, a porta fechou no meu pé, e, enquanto estávamos esperando minha mãe pegar o carro, Anthony me derrubou na lama, e quando eu comecei a chorar, Nick me chamou de bebê chorão, e quando eu estava socando Nick por dizer bebê chorão, minha mãe chegou e me deu a maior bronca por estar brigando e sujo de lama.

"Hoje é um dia terrível, horrível, péssimo, muito ruim", contei para todo mundo. Ninguém nem ao menos respondeu.

Então depois nós fomos comprar tênis na sapataria. Anthony escolheu um par branco com listras azuis. Nick escolheu um par vermelho com listras brancas. Eu escolhi um azul com listras brancas, mas o vendedor disse: "Esse acabou." Me fizeram comprar um branco simples, mas não vão me obrigar a usar.

Quando pegamos meu pai no escritório, ele disse que eu não podia brincar com sua copiadora, mas eu esqueci. Ele também disse para tomar cuidado com o livro na mesa, e eu fui o mais cuidadoso possível, exceto pelo meu cotovelo. Ele também disse: "Não brinque com o telefone", mas eu acho que liguei para a Austrália. Meu pai pediu por favor para não ir lá mais. Foi um dia terrível, horrível, péssimo, muito ruim.

Tinha feijão para o jantar, e eu detesto feijão. Tinha beijo na televisão, e eu odeio beijos.

A água do banho estava quente demais, entrou sabão nos meus olhos, minha bolinha de gude caiu pelo ralo, e eu tive que usar meu pijama de trenzinho. Eu odeio meu pijama de trenzinho.

Quando fomos dormir, Nick pegou de volta o travesseiro que tinha me dado, a luz do Mickey Mouse queimou e eu mordi a língua. O gato quis dormir com Anthony, não comigo.

Foi um dia terrível, horrível, péssimo, muito ruim. Minha mãe disse que alguns dias são assim. Até mesmo na Austrália.[1]

Aqui estão algumas regras para lembrar quando você tiver um daqueles dias terríveis, horríveis, péssimos, muito ruins, e a sua atitude começar a decair:

Regra 1: Mantenha a atitude certa quando a "coisa fica preta"

Nossa reação natural é pular fora da atitude certa para compensar os nossos problemas. Durante nossos voos pela vida, nossa atitude é mais crítica nos "momentos difíceis". É aí que somos tentados a entrar em pânico e tomar más decisões de atitude. Quando caímos, isso se deve a uma reação errada, não à turbulência. Quantas vezes a reação "tempestade em copo d'água" se torna mais perigosa que o problema em si?

Lembre-se, o obstáculo realmente se torna um problema quando internalizamos circunstâncias infelizes. Quando o tempo fecha, é importante compreender que *o que realmente importa é o que acontece* em nós, não conosco! Quando as circunstâncias externas levam a reações internas erradas, nós realmente temos problemas. Uma vez aconselhei um homem em dificuldades financeiras. Ele se deparou com a possibilidade de perder tudo. Eu ofereci preces e encorajamento durante esse momento difícil. A reação dele: "Eu nunca estive mais próximo de Deus!" Contou como essa provação o fortalecia em sua caminhada com Deus. Paulo advertiu Timóteo de que os cristãos seriam perseguidos, enfatizando que não só ele tinha sobrevivido à perseguição, mas também que Deus sempre o tinha salvo (2 Timóteo 3:11,12). Paulo permitia que as tempestades da vida o fortalecessem. Muito diferente daqueles que gritam "Eu desisto" a cada dificuldade.

Tiago ainda nos diz que esses problemas são bons:

Meus irmãos, considerem motivo de grande alegria o fato de passarem por diversas provações, pois vocês sabem que a prova da sua fé produz perseverança. E a perseverança deve ter ação completa, a fim de que vocês sejam maduros e íntegros, sem lhes faltar coisa alguma (Tiago 1:2,4).

Regra 2: Perceba que o "mau tempo" não vai durar para sempre

Quando você se pega no meio de situações delicadas, muitas vezes é difícil se lembrar dessa verdade. Ficamos consumidos com os problemas. Toda a nossa visão é colorida pelo presente. Um homem morrendo afogado não está preocupado com a agenda de amanhã.

Existe uma expressão que eu uso muito quando sinto que as dificuldades do dia estão me esmagando. No momento em que "já chega" eu digo: "Isso vai passar!" Essa breve declaração realmente funciona. Ajuda-me a ter perspectiva sobre a minha situação.

Ainda assim, o "mau tempo" nos cansa. Muitas vezes não é o tamanho do problema mas a duração dele que pesa muito sobre nós. É por isso que Paulo ensina à igreja na Galácia: "E não nos cansemos de fazer o bem, pois no tempo próprio colheremos, se não desanimarmos" (Gálatas 6:9). Muitas vezes pregadores dirão: "Colhemos o que plantamos." Paulo diz que é possível plantar e não colher os benefícios. Como? Não ficando firmes e tendo paciência o bastante para esperar.

Muitas vezes eu ouvi corredores falarem sobre os "baratos" que advêm do exercício. (É difícil me convencer disso quando observo as caretas que eles fazem quando correm.) Quando eles recebem seu "segundo fôlego", eles sentem como se pudessem correr o dia todo. O segredo deles? Corra até ter seu segundo fôlego. A primeira parte é difícil e dolorosa. A última parte é mais fácil e frutuosa.

Portanto, também nós, uma vez que estamos rodeados por tão grande nuvem de testemunhas, livremo-nos de tudo o que nos atrapalha e do pecado que nos envolve e corramos com perseverança a corrida que nos é proposta, tendo os olhos fitos em Jesus, autor e consumador da nossa fé. Ele, pela alegria que lhe fora proposta, suportou a cruz, desprezando a vergonha, e assentou-se à direita do trono de Deus. Pensem bem naquele que suportou tal oposição dos pecadores contra si mesmo, para que vocês não se cansem nem desanimem (Hebreus 12:1-3).

Regra 3:
Tente tomar grandes decisões antes da tempestade

Muitas tempestades podem ser evitadas com a reflexão e o planejamento corretos. Um piloto checará as condições do tempo em seu voo planejado antes de tomar a decisão de proceder. Durante o voo, checará seu radar, ou ligará com antecedência para se antecipar às condições do tempo.

Obviamente, nem todas as tempestades podem ser evitadas. No entanto, eu me pergunto quantos nos sobrevêm porque deixamos de verificar todos os recursos disponíveis. Muitas vezes nossos problemas são o resultado de nosso próprio mau planejamento e não das condições que cercam nossa vida.

Um dos meus professores da faculdade virou assunto no campus porque dirigia muito mal. As crianças diziam coisas como "saí da aula mais cedo para poder chegar em casa são e salvo antes de o Professor Gladstone pegar as ruas". Depois que o professor teve três acidentes em seis semanas, um estudante disse, solidariamente, à sua esposa: "O diabo com certeza tem criado problemas na direção do seu marido." A resposta dela: "Querida, não culpe o diabo. George nunca soube dirigir."

Para evitar algumas potenciais tempestades na vida nós precisamos conhecer e realmente contar com indicadores de mau tempo. Eu listei alguns possíveis "olhos" que podem nos ajudar a prever problemas e perguntas que devemos nos fazer antes de procedermos à solução do problema:

INDICADORES DE MAU TEMPO:	**PERGUNTAS PARA FAZER A MIM MESMO:**
Falta de experiência	Eu conheço alguém com experiência *bem-sucedida* nessa área?
Falta de conhecimento	Eu estudei o suficiente para dirigir meu curso de forma eficaz?
Falta de tempo	Eu deixei o processo do tempo agir em mim assim como a tempestade?
Falta de fatos	Todos os fatos estão reunidos para permitir uma decisão apropriada?
Falta de oração	Essa ideia é de Deus ou minha? Se for minha, Deus a abençoa e protege através da Palavra?

Mesmo depois que todos os indicadores de tempo foram checados, nós provavelmente ainda vamos encontrar algumas tempestades. As dificuldades da vida sempre dão um jeito de virem atrás da gente. Quando isso acontece, tente adiar tantas decisões importantes quanto possível. Nossa vida é uma série de "altos e baixos". (Veja a ilustração.) Existe uma grande diferença entre pessoas que pulam de um grande problema para o outro e aquelas que vão de um grande sucesso ao outro. A diferença é o *timing*.

Aqueles que abraçam uma má decisão atrás da outra tomam suas decisões durante os "baixos" da vida. Aqueles que exibem o "toque de Midas" aprenderam a esperar até os "baixos" passarem e se sentirem no topo de tudo.

Quando você toma a grande "D"?

A hora certa de tomar uma decisão

A hora errada de tomar uma decisão

Eu me encolho quando escuto essa frase de palestrantes em seminários: "É mais importante tomar a decisão errada imediatamente do que não tomar nenhuma decisão." Não acredite nisso! A chave para o sucesso na tomada de decisões é tanto *timing* quanto a escolha certa.

A decisão errada na hora errada = desastre
A decisão errada na hora certa = erro
A decisão certa na hora errada = inaceitável
A decisão certa na hora certa = sucesso

Geralmente as decisões erradas são tomadas na hora errada, e as decisões certas são tomadas na hora certa. O motivo? Nós deixamos nosso ambiente controlar nosso pensamento, o que controla as nossas decisões. Assim, quanto mais decisões forem tomadas na calmaria, menos vezes as tempestades podem nos derrubar. Deus pode usar os frutos das nossas más decisões para o bem, mas nós podemos evitar problemas tomando decisões nos melhores momentos.

Regra 4:
Mantenha contato com a torre de controle

Todo piloto conhece o valor de se comunicar com pessoas de conhecimento durante tempos difíceis. A reação natural quando se tem dificuldades no céu é passar um rádio pedindo ajuda. Nem sempre fazemos isso em nossa vida diária.

Tendemos a tentar conseguir sozinhos. Nós admiramos aquele indivíduo durão e independente que se levanta sozinho. Esse é o jeito americano. Às vezes, somos todos pequenos Frank Sinatras cantando para todos ouvirem: "I did it my way" [Eu fiz do meu jeito].

Jesus canta outra canção. Suas palavras falam de alegria e frutos. Eis seu argumento: "Sem mim vocês não podem fazer coisa alguma" (João 15:5). O título da canção dele é "Permaneça em mim, e eu em você" ou, mais modernamente falando, "Você estará bem, se estiver conectado à videira".

A primeira estrofe diz: "Permaneçam em mim, e eu permanecerei em vocês. Nenhum ramo pode dar fruto por si mesmo, se não permanecer na videira. Vocês também não podem dar fruto, se não permanecerem em mim" (João 15:4).

A segunda estrofe diz: "Eu sou a videira; vocês são os ramos. Se alguém permanecer em mim, e eu nele, esse dará muito fruto; pois sem mim vocês não podem fazer coisa alguma" (João 15:5).

A terceira estrofe diz: "Se alguém não permanecer em mim, será como o ramo que é jogado fora e seca. Tais ramos são apanhados, lançados ao fogo e queimados" (João 15:6).

A quarta estrofe diz: "Se vocês permanecerem em mim, e as minhas palavras permanecerem em vocês, pedirão o que quiserem, e lhes será concedido" (João 15:7).

Durante um tempo de revival em minha igreja, Deus começou a lidar comigo em relação às declarações de Jesus, "Sem mim vocês não podem fazer coisa alguma". Eu sempre tendi a pensar: "Sem Deus eu só posso fazer algumas coisas." Admitiria com facilidade que preciso dele para fazer "muito acima de tudo que pedimos ou pensamos", mas no que era menos do que extraordinário eu sentia que era suficiente para me virar sozinho. Aprendi que não posso mais voar sozinho no meu mundo. Quer eu esteja no mau tempo ou em céus azuis e calmos, eu devo me manter em contato com Cristo.

Aplicação

Aqui estão algumas das declarações que fiz neste capítulo. Tire um momento para aplicar estas verdades à sua atitude atual:

1. "O que realmente importa é o que acontece em nós, não conosco."
   Qual é mais importante — ação errada dirigida a mim ou reação errada dentro de mim? Por quê?

2. "Colhemos o que plantamos."
   Isso é verdade? Se não for, por que não?

3. "A diferença entre o sucesso e o fracasso na tomada de decisões muitas vezes é o *timing*."
   Quando um vencedor toma suas decisões? Quando eu tomo as minhas?

4. "Nós admiramos aquele indivíduo durão e independente que se levanta sozinho. Esse é o jeito americano."
   Qual é o jeito de Deus? Leia 1 Coríntios 1:18-31; 2:1-5.

Conversamos sobre os fatores que nos fazem perder altitude. Os próximos capítulos da Seção Três são os "causadores de acidentes": aquilo que nos faz entrar em colapso ou que são responsáveis por nossas aterrissagens desconfortáveis.

Capítulo 9

O choque interno

Não há segurança na Terra. Só existe oportunidade.
DOUGLAS MACARTHUR

Existem certas tempestades na vida de uma pessoa que contribuem para um choque de altitude. As três tempestades às quais eu estou me referindo neste capítulo são predominantemente internas, não externas. Elas são partes de nós e devem ser lidadas construtivamente para trazer paz interna e atitude completa.

O medo do fracasso

A primeira tempestade interna é: *O medo do fracasso.*

Algumas pessoas determinam: "Se de primeira você não conseguir, destrua todas as evidências de que tentou."

Falha — Nós escondemos,
Negamos,
Tememos,
Ignoramos e
Odiamos.

Nós fazemos tudo para aceitar. Por aceitar, eu nunca quis dizer desistência ou apatia. Falhar é um importante passo para o sucesso. O homem que nunca cometeu um erro nunca fez nada.

Gosto muito de ler sobre a vida de grandes homens. Um fator sempre presente nesses relatos é que todos os homens de sucesso cometeram erros. De fato, a maioria deles começou como fracassados.

Quando o grande pianista polaco Ignace Paderewski escolheu primeiramente estudar piano, seu professor de música disse que suas mãos eram muito pequenas para dominar as teclas.

Quando o grande tenor italiano Enrico Caruso se matriculou na escola de canto pela primeira vez, seu professor disse que sua voz soava como o vento soprando na janela.

Quando o grande estadista da Inglaterra Vitoriana, Benjamin Disraeli, tentou falar no parlamento pela primeira vez, os membros o fizeram calar e riram quando ele declarou: "Vou me sentar agora, mas chegará o dia em que vocês vão me ouvir."

Henry Ford esqueceu de colocar a marcha ré em seu primeiro carro.

Thomas Edison gastou dois milhões de dólares em um investimento que se provou de pouco valor.

Poucos se deram bem de primeira. Repetidas falhas são impressões digitais na estrada da conquista. A vida de Abraham Lincoln pode demonstrar que a única vez que você não falha é a última vez que você tenta alguma coisa, e isso funciona. Podemos "falhar em direção ao sucesso".

ABRAHAM LINCOLN — Biografia de fracasso:

Infância difícil.
Menos de um ano de escolaridade formal.
Falência nos negócios em 1831.
Derrotado na legislatura em 1832.
Novamente falência nos negócios em 1833.
Eleito na legislatura em 1834.
A noiva morreu em 1835.
Derrotado para orador em 1838.
Derrotado para ter o direito de voto em 1840.
Casou-se, a esposa se revelou um fardo, 1842.
Apenas um de seus filhos viveu por mais de dezoito anos.
Derrotado para o congresso em 1843.
Eleito para o congresso em 1846.
Derrotado para o congresso em 1848.
Derrotado para o senado em 1855.
Derrotado para vice-presidente em 1856.
Derrotado para o senado em 1858.
Eleito presidente em 1860.

Aceitar as falhas de forma positiva se torna eficiente quando você acredita que o direito de falhar é tão importante quanto o direito de se dar bem. Eu gosto mais do tempo em São Diego do que na Califórnia do sul. Por quê? Porque vivi em Ohio e passei pelo inverno de 1978, sem mencionar muitas outras. A maioria das pessoas raramente valorizam a sua boa saúde até ficarem doentes. A exposição ao problema dá grandes alegrias em nosso progresso se pudermos aceitar a falha como um processo importante em atingir nossa meta.

É impossível ter sucesso sem sofrimento. Se você tem sucesso e não sofre, alguém sofreu por você, e, se você está sofrendo sem sucesso, talvez alguém pode ter sucesso por você. Mas não existe sucesso sem sofrimento.

Alguns anos atrás, em uma palestra em Dallas, fiz uma pesquisa entre líderes de igreja perguntando: "O que impede você de fazer um grande trabalho para Deus?" A resposta número um: "Medo de errar." Imediatamente, eu comecei a falar com os líderes sobre falhar. Minha mensagem final em uma grande conferência onde pastores viram e ouviram grandes histórias de sucesso foi: "Caídas, falhas e desastres." O conteúdo total daqueles 45 minutos foi a soma de todos os meus programas que deram errado. A multidão riu histericamente enquanto eu abertamente confessava meus erros. Por quê? Eu acabava de admitir minhas derrotas e permitia a eles fazer o mesmo.

O autor de *We really do not need each other* [Nós na verdade não precisamos uns dos outros], Reuben Welch, discorreu sobre a mesma verdade libertadora, expondo o quanto nossa luta para sobreviver, mantendo a reputação e o *status quo*, pode sufocar nosso crescimento e se tornar autolimitante. Depois de ouvir essa mensagem, eu mandei fazer uma placa que dizia "eu não tenho que sobreviver".

Nosso Senhor não apenas ensinou a verdade, mas também a demonstrou. Ele disse que morrer, não viver, era a chave da eficiência:

> Digo-lhes verdadeiramente que, se o grão de trigo não cair na terra e não morrer, continuará ele só. Mas se morrer, dará muito fruto. Aquele que ama a sua vida, a perderá; ao passo que aquele que odeia a sua vida neste mundo, a conservará para a vida eterna (João 12:24,25).

Alguns capítulos adiante nós lemos como Cristo demonstrou essa verdade no Calvário. Ele se tornou um exemplo visual de Suas palavras: "Ninguém tem maior amor do que aquele que dá a sua vida pelos seus amigos" (João 15:13). Certamente a "síndrome de sobrevivência" não fazia parte da vida de Jesus.

O apóstolo Paulo entendeu esse ensinamento dizendo a si mesmo:

> Fui crucificado com Cristo. Assim, já não sou eu quem vive, mas Cristo vive em mim. A vida que agora vivo no corpo, vivo-a pela fé no filho de Deus, que me amou e se entregou por mim (Gálatas 2:20).

Tertuliano, um pensador do século dois, tratou da questão da sobrevivência na história da igreja. Alguns cristãos que trabalhavam na confecção de ídolos eram confrontados, costumavam responder: "Precisamos sobreviver." Tertuliano devolvia a pergunta: "Vocês precisam sobreviver?" Para ele, era mais importante ser obediente a Deus do que se preocupar com sobrevivência.

Que essas palavras de William Arthur Word possam nos encorajar a abandonar "a sobrevivência" e assim perder nosso medo de falhar:

> Se for esperto, você vai se esquecer na imensidão. Esqueça seus direitos, mas lembre-se de suas responsabilidades. Esqueça suas inconveniências, mas lembre-se de suas bênçãos. Esqueça suas próprias vitórias, mas lembre-se de seus débitos com outros. Esqueça seus privilégios, mas lembre-se de suas obrigações. Siga o exemplo de Florence Nightingale, Albert Shweitzer, Abraham Lincoln, Tom Dooley, e esqueça sua grandiosidade.
>
> Se for esperto, você vai esvaziar a si mesmo na aventura. Lembre-se das palavras do General Douglas MacArthur: "Não há segurança na Terra. Só há oportunidades." Esvazie seus dias de busca pela segurança; preencha-os com paixão pelo serviço. Esvazie suas horas de ambição pelo reconhecimento. Esvazie seus momentos de necessidade de diversão; preencha-os com a busca da criatividade.
>
> Se você for esperto, você se perderá na imortalidade. Perderá seu ceticismo. Perca suas dúvidas. Perca seus medos. Perca sua ansiedade. Perca sua descrença. Lembre-se destas verdades: um filho deve se

esquecer dele mesmo para ser lembrado. Ele deve se esvaziar para se descobrir por inteiro. Ele deve se perder para se encontrar.

Esqueça-se de você na grandiosidade. Esvazie-se na aventura. Perca-se na imortalidade.

Corra riscos. Suba no galho onde o fruto estiver. Muitos ainda estão abraçando o caule da árvore, perguntando-se por que não estão recebendo o fruto da vida. Muitos líderes em potencial nunca conquistaram nada porque ficaram para trás e deixaram o risco para outros. Muitos recebedores em potencial nunca receberam porque não saíram da multidão e pediram. Tiago nos diz: "Não temos porque não pedimos." Na verdade, não pedimos porque tememos a rejeição. Assim não corremos risco.

Rir é arriscar-se a parecer tolo.
Chorar é arriscar-se a parecer sentimental.
Ajudar o outro é arriscar-se a se envolver.
Expor seus sentimentos é arriscar-se a expor o seu verdadeiro eu.
Colocar suas ideias, seus sonhos, diante da multidão é arriscar sua [perda.
Amar é arriscar não ter amor em retorno.
Viver é arriscar morrer.
Esperar é arriscar não ter esperança.
Tentar é arriscar falhar.
(Autor desconhecido)

Mas o risco pode ser tomado, porque o grande erro na vida é não arriscar nada. A pessoa que não arrisca nada não faz nada, não tem nada e não é nada. Pode evitar sofrimento e tristeza, mas simplesmente não pode aprender, crescer, sentir, mudar, amar, viver. Acorrentado a suas certezas, ele é um escravo, pois perdeu a liberdade.

O medo de falhar atinge aqueles que se levam muito a sério. Ao longo da vida, passamos boa parte do tempo nos preocupando com o que o mundo pensa de nós. Quando atingimos uma certa idade, percebemos que o mundo não correspondia tanto assim às nossas preocupações; ninguém estava prestando muita atenção. Até aceitarmos o fato de que o futuro do mundo não depende de nossas decisões, ficaremos inaptos a não esquecer o passado.

Em sua autobiografia, *The tumult and the shouting*, o grande colunista de esportes Grantland Rice nos dá conselhos sobre erros do passado:

> Por expor as falhas do movimento humano — com uma manobra basicamente simples, o *swing* —, o golfe produz mais autotortura do que qualquer outro jogo que não seja Roleta Russa. Quanto mais rápido o jogador de golfe mediano esquecer o lance errado que cometeu, mais cedo começa a melhorar e apreciar o golfe. Como a vida, o golfe pode nos levar à humildade. Porém, há algum bem em remoer nossos erros. O próximo lance, no golfe ou na vida, é o grande lance.

A atitude é o fator que determina se nosso erro nos constrói ou nos destrói. A persistência de quem falha é sinal de uma atitude saudável. Vencedores não desistem! Errar se torna um problema devastador e faz com que nossa atitude entre em choque apenas quando desistimos. Aceitar o erro como final é o que o torna de fato um fracasso.

Todo mundo conhece o sucesso da cadeia de restaurantes McDonalds. Os executivos dessa franquia seguiam o lema: "Pressione. Nada no mundo pode tomar o lugar da persistência. O talento não tomará; nada no mundo é mais comum do que homens talentosos e malsucedidos. O gênio não tomará; o mundo está cheio de pessoas com educação em péssimas condições. A persistência e a determinação por si só são onipotentes."

Em tempos de derrota, o segredo é olhar para nosso criador e motivador-chefe.

Quando parece que eu errei

Senhor, você está tentando me dizer alguma coisa?
Pois...
O erro não significa que eu sou um erro;
Não significa que eu ainda não tenha me dado bem.
O erro não significa que não conquistei nada;
Significa que eu aprendi algo.
O erro não significa que eu tenha sido um tolo;
Significa que eu tive bastante fé para experimentar.
O erro não significa que eu tenha sido desgraçado;
Significa que eu ousei tentar.
O erro não significa que eu não estava preparado;
Significa que eu tenho que fazer alguma coisa de forma diferente.
O erro não significa que eu seja inferior;
Significa que eu não sou perfeito.
O erro não significa que eu desperdicei meu tempo;
Não significa que eu tenha uma desculpa para começar novamente.
O erro não significa que eu deva desistir;
Significa que eu tenho que tentar com mais afinco.
O erro não significa que eu não tenha que fazer algo;
Significa que eu preciso de mais paciência.
O erro não significa que você me abandonou;
Significa que você deve ter uma ideia melhor. Amém.

Aplicação

Leia estes pensamentos sobre lidar com o erro. Escreva-os em cartões e mantenha-os à mão.

O homem que nunca cometeu um erro nunca fez nada.
Repetidos erros são digitais na estrada da conquista.
É impossível ter sucesso sem sofrimento.
"Eu não tenho que sobreviver."
A atitude é que determina se o erro nos constrói ou nos destrói.

Aceitar a falha como o fim é fracassar finalmente.
Errar é a linha da menor persistência.

A antecipação do desânimo

A segunda tempestade interior que causa um choque de atitude é *A antecipação do desânimo.*

Elias é um dos meus personagens bíblicos favoritos. Nunca um homem aproveitou um momento maior do que sua experiência no Monte Carmelo. Coragem, fé, poder, obediência e fé caracterizaram Elias enquanto ele enfrentava os adoradores de Baal. Mas a libertação em 1 Reis 18 foi seguida de desânimo em 1 Reis 19. Sua atitude corajosa diante de Deus foi substituída pela responsabilização de Deus por seus problemas. O medo substituiu a fé. O poder drenou a fé. O poder foi drenado pela pena, e a desobediência deu lugar à obediência. Como as coisas mudaram rápido! Soou familiar? Vá a 1 Reis 19 e perceba os quatro pensamentos de desânimo.

Primeiro, o desânimo machuca nossa autoimagem.

> Entrou no deserto, caminhando um dia. Chegou a um pé de giesta, sentou-se debaixo dele e orou, pedindo a morte: "Já tive o bastante, SENHOR. Tira a minha vida; não sou melhor do que os meus antepassados" (versículo 4).

O desânimo nos faz parecer menores a nossos olhos. Isso se torna mais importante quando percebemos que não podemos atuar consistentemente de um modo que seja inconsistente com a maneira como nos vemos.

Segundo, o desânimo nos faz fugir de nossas responsabilidades:

> Ali entrou numa caverna e passou a noite. E a palavra do SENHOR veio a ele: "O que você está fazendo aqui, Elias?" (versículo 9)

Os Elias da vida foram criados para os Montes Carmelo, não para as cavernas. A fé nos leva ao ministério. O medo só nos dá miséria.

Terceiro, o desânimo nos faz culpar os outros por nossos apuros:

> Ele respondeu: "Tenho sido muito zeloso pelo SENHOR, o Deus dos Exércitos. Os israelitas rejeitaram a tua aliança, quebraram os teus altares e mataram os teus profetas à espada. Sou o único que sobrou, e agora também estão procurando matar-me" (versículo 10).

Quarto, o desânimo nos faz ver os fatos distorcidos:

> No entanto, fiz sobrar sete mil em Israel, todos aqueles cujos joelhos não se inclinaram diante de Baal e todos aqueles cujas bocas não o beijaram (versículo 18).

Apenas um em sete mil. Não tenha dúvidas sobre isso: o desânimo criou um número para esse grande profeta. E, se isso pode acontecer com grandes homens, e conosco? E os outros? O desânimo é contagioso.

Você pode ter ouvido a história do rapaz que estava quase pulando da ponte. Um policial em alerta foi devagar em direção a ele, conversando o tempo todo. Quando o policial estava a centímetros de distância do homem, propôs: "Com certeza nada pode ser tão ruim que possa tirar sua vida. Fale sobre isso. Fale comigo." O homem contou como sua esposa o tinha deixado, como seu negócio tinha ido à falência, como seus amigos o tinham deixado. Tudo na vida havia perdido o sentido. Falou durante meia hora — e então os dois pularam!

Todos estamos sujeitos às correntes de desânimo que podem nos varrer para uma área perigosa. Se soubéssemos algumas das causas do desânimo, poderíamos facilmente evitá-lo. O desânimo vem *quando nós*:

1. Sentimos que a oportunidade do sucesso se foi

Seu caráter pode ser testado por aquilo que o faz parar. Precisamos do espírito do menino na liga juvenil. Um homem parou para ver um jogo de beisebol da liga e perguntou o placar a um dos jovens.

— Estamos perdendo de dezoito a zero — foi a resposta.

— Bem — comentou o homem —, devo dizer que você não parece desanimado.

— Desanimado? — o menino respondeu. — Por que eu estaria desanimado? Não pegamos no bastão ainda.

2. Nós nos tornamos egoístas

Normalmente quem se desanima está concentrado demais em si.

3. Não temos sucesso imediato em nossas tentativas para fazer algo

Um estudo conduzido pela associação nacional de mercadorias de varejo mostra que as primeiras tentativas malsucedidas levam quase a metade de todos eles à derrota. Veja:

48 por cento de todos os vendedores fazem uma ligação e param.
25 por cento de todos os vendedores fazem duas ligações e param.
15 por cento de todos os vendedores fazem três ligações e param.
12 por cento de todos os vendedores retornam, retornam e retornam.
Eles conseguem 80 por cento das vendas.

Passei por essa experiência quando era pastor na Igreja Memorial da Fé em Lancaster, Ohio. Nós tínhamos várias rotas de ônibus e pegávamos centenas de pessoas para a igreja aos domingos. Cada ônibus tinha um líder que ligava para potenciais passageiros todos os sábados. Designei fronteiras e marquei as áreas geográficas para cada rota. Os líderes não podiam deixar o "território" para encontrar novos passageiros.

Evelyn McFarland era uma líder de sucesso, com em média mais de cinquenta passageiros todos os domingos! Seu segredo? Ela não aceitava não como resposta. Todos os domingos ligava para todas as casas para assegurar mais um passageiro. Suas visitas eram anotadas em uma agenda. Em uma página ela escreveu: "Eu já visitei essa casa mais de noventa vezes. Finalmente hoje eles disseram sim." Evelyn entendeu que ela não conquistaria nada através do brilho. Conquistamos continuando.

4. Não temos propósito nem plano

Uma outra característica de desânimo é a falta de atividade. Você raramente vê uma pessoa desanimada ativa, correndo e tentando ajudar as outras. Quando você está desanimado, tende a fugir. Muitas vezes a falta de coragem vem depois de uma conquista positiva. Elias viu que isso é verdadeiro. Talvez ele precisasse de um outro Monte Carmelo para levantar seu espírito. Quando nos falta um propósito, muitas vezes nos falta a sensação de plenitude.

A vida de Thomas Edison estava repleta de propósito. Ele discorre sobre seu sucesso:

> Os fatores mais importantes da invenção podem ser descritos em poucas palavras. (1) Devem consistir de um conhecimento definido sobre o que se deve atingir. (2) Deve-se concentrar sua mente nesse propósito com persistência e começar a procurar pelo que busca, usando todo o conhecimento já existente da matéria ou adquirindo-o de outros. (3) Deve continuar procurando não importa quantas vezes possa se deparar com o desânimo. (4) Deve negar-se a ser influenciado pelo fato de que alguém mais deve tentar a mesma ideia sem sucesso. (5) Deve manter-se na ideia de que a solução para seus problemas existe em qualquer lugar e que ele vai encontrá-la...
>
> Quando um homem firma o propósito de resolver algum problema, pode encontrar certa oposição inicial; porém, se ele se mantiver na busca, com certeza encontrará algum tipo de solução. O problema da maioria é a desistência antes da tentativa.[1]

Agora você pode estar totalmente desanimado, pensando que há pouco a se fazer para superar esses medos de frustração e inadequação. Mas aqui estão alguns passos a tomar.

1. Ação positiva

Resolva o problema. Quando detectar a fonte do desânimo, mãos à obra. Nada nos liberta mais rápido do desânimo que ações positivas para resolver o problema.

Um poeta conta que estava andando por seu jardim observando um ninho de pássaros no chão. A tempestade o havia derrubado da árvore, destruindo o ninho. Enquanto ele lamentava o fato olhando para o ninho, os pássaros construíam um novo ninho.

2. Pensamento positivo

Recentemente, eu estava lendo uma biografia curta, porém estimulante, de Thomas Edison escrita por seu filho. Que personagem surpreendente! Graças a sua genialidade, temos hoje o microfone, o fonógrafo, a luz incandescente, a pilha, filmes e mais de mil invenções. Além de tudo, Edison foi um homem que se recusou a desanimar. Seu otimismo contagiante afetou a todos em torno dele.

Seu filho se lembrou de uma noite muito fria de dezembro em 1914. Experiências infrutíferas com níquel, ferro e bateria alcalina, um projeto de dez anos, colocou Edison em uma corda-bamba financeira. Seus rendimentos lhe sobrevinham basicamente dos lucros dos filmes e gravações.

Naquela noite de dezembro o grito de "Fogo!" ecoou pelo lugar; houve uma combustão espontânea. Dentro de minutos todos os componentes, celulóides e outros inflamáveis estouraram. Bombeiros de várias cidades próximas vieram, mas o calor estava muito forte, e a pressão da água muito curta se tornava inútil ao fogo. Tudo estava sendo destruído.

Quando pôde encontrar os pais, o filho ficou preocupado. Ele estava seguro? Com todos os seus bens sendo destruídos, o espírito dele não ficaria muito abatido? De repente, ele viu seu pai no quintal vindo em sua direção.

"Onde está mamãe?" perguntou o inventor. "Vá e busque-a! Diga-lhe para chamar seus amigos! Eles nunca verão um fogo assim novamente!"

Mais cedo pela manhã, muito antes do amanhecer, com o fogo mais ou menos sob controle, Edison reuniu todos os seus funcionários e fez um comunicado incrível. "Vamos reconstruir!"

Ele pediu a um homem para deixar todas as máquinas na área e a outro para comprar um guindaste antigo da Companhia Ferroviária Erie. Em seguida, quase como um segundo pensamento, indagou: "A propósito, alguém aqui sabe como podemos arrumar dinheiro?"

Mais tarde, explicou, "Sempre podemos ter lucro depois de um desastre. Só nos livramos de um monte de besteiras. Vamos construir algo maior e melhor das ruínas." Logo após, ele bocejou, enrolou seu casaco como travesseiro em uma mesa e imediatamente adormeceu.

3. Exemplo positivo

Aconteceu no sudoeste da Ásia no século quatorze. O exército do conquistador asiático Tamerlane (descendente de Ghengis Khan) foi cercado, dispersado por uma energia poderosa. O próprio Tamerlane se escondeu em um deserto enquanto as tropas inimigas limpavam o interior.

Enquanto ele estava lá, desesperado e rejeitado, Tamerlane via uma formiga tentar carregar um grão de milho em uma parede perpendicular. O grão era maior do que a própria formiga. O imperador contou: 69 vezes a formiga tentou carregá-lo na parede, 69 vezes ela caiu. Na septuagésima vez, conseguiu empurrar o grão até em cima.

Tamerlane se levantou com um grito! Ele, também, triunfaria no final! E ele o fez, reconhecendo suas forças e colocando seus inimigos para correr.

4. Persistência positiva

Dois sapos caíram em uma lata de creme
— ou assim eu ouvi dizer.
Os lados da lata estavam brilhantes e íngremes,
O creme estava fundo e frio.
"Para que isso?", quis saber o primeiro.

"É o destino, nada vai nos ajudar"
"Adeus, meu amigo! Adeus, mundo triste!"
E ainda chorando ele se afogou.
Mas número dois todo pomposo,
se surpreendeu.
Enquanto ele limpava seu rosto cheio de creme
e secava os olhos com creme,
"eu vou nadar um pouco, ao menos", declarou
— ou assim foi dito —
"não ia realmente ajudar o mundo
se mais um sapo morresse."
Por uma hora ele nadou —
e não parou de murmurar,
mas nadou e nadou, e esperneou,
e depois pulou para fora da manteiga.

(Autor desconhecido)

Muitas vezes, desanimamos e aceitamos a derrota. Um dos cavalos de corrida mais famosos de todos os tempos foi Man o'War. Como uma criança de dois anos, Man o'War ganhou seis corridas consecutivas. Então em 1919, o campeão enfrentou um candidato apropriadamente chamado de Transtornado. Pela primeira vez em sua vida, Man o'War ficou para trás na linha de chegada.

Como sempre é o caso quando um campeão é derrotado, havia circunstâncias fora do comum que afetaram a situação. Nessa ocasião, um iniciante assistente estava trabalhando na corrida de Saratoga, e a quebra da barreira foi atrasada em cinco minutos. O campeão, sempre nervoso no posto, dançava e balançava a cabeça. Quando a porteira abriu o grande nariz vermelho, estava do lado oposto, quinto em uma corrida de sete cavalos.

Um campeão não desiste fácil, e Man o'War não era exceção. Ele fez uma tentativa elegante para fechar o gap. Quando a corrida atingiu a marca pela metade, o campeão já havia se movido para a sétima posição.

Ele atingiu a terceira posição em quinze marcas. Na curva, moveu-se claramente para o segundo lugar. Dez metros depois lá estava ele. Se dessem mais uns dois ou três metros, Man o'War teria sido um vencedor óbvio. Mas Transtornado ganhou pela margem mais próxima.

Quando você lê sobre o incidente, você deseja que o incidente sobre Transtornado nunca tivesse acontecido.

Você também deseja que os transtornos que sobrevieram a grandes homens nunca tivessem acontecido. Abraão falhou em uma hora de emergência e por fraqueza deixou que um rei achasse que sua esposa Sara era sua irmã. Jacó tirou o direito de progenitura de seu próprio irmão. Moisés deixou que sua impaciência o impedisse de entrar na terra prometida. Davi, o homem "segundo o coração de Deus", envolveu seu nome com adultério e assassinato. Elias também estava transtornado e orou para morrer.

Mas — e isso é o mais importante de tudo — todos esses homens, depois desses transtornos trágicos, conseguiram grandes vitórias (como fez um Man o'War um ano atrás, quando transtornou o Transtornado).

Alguma derrota ou desencorajamento lhe sobreveio recentemente? É com você decidir como lidará com as derrotas da vida. Ninguém passa por toda a vida sem encontrar alguma derrota de vez em quando. Quando isso acontecer com você, não desista! O missionário E. Stanley Jones afirmou que havia adotado esse lema para sua vida: "Quando a vida lhe der um empurrão, deixe-a empurrá-lo para a frente!" Uma sábia resolução! Qualquer um pode começar, mas só um puro-sangue termina.

Aplicação

Harold Sherman, um bom tempo atrás, escreveu um livro intitulado *How to Turn Failure Into Success* [Como transformar o fracasso em sucesso], em que apresenta um "Código de Persistência". Se você desistir fácil demais, copie-o e leia-o diariamente:

1. Eu nunca desistirei enquanto souber que estou certo.
2. Eu acreditarei que tudo vai dar certo se eu aguentar firme até o fim.
3. Serei corajoso e não temerei as adversidades.
4. Não deixarei ninguém me intimidar ou me impedir de atingir meus objetivos.
5. Lutarei para ultrapassar todas as desvantagens físicas e contratempos.
6. Tentarei vezes sem conta até conseguir o que desejo.
7. Eu terei nova fé ao saber que todos os homens e mulheres de sucesso tiveram que lutar contra a derrota e a adversidade.
8. Nunca me renderei ao desânimo ou desespero independentemente de quais aparentes obstáculos possam me confrontar.

A luta contra o pecado

A terceira tempestade que nasce dentro de nós e faz nossa atitude se chocar é *A Luta do Pecado.*

> Não entendo o que faço. Pois não faço o que desejo, mas o que odeio. E, se faço o que não desejo, admito que a Lei é boa. Nesse caso, não sou mais eu quem o faz, mas o pecado que habita em mim. Sei que nada de bom habita em mim, isto é, em minha carne. Porque tenho o desejo de fazer o que é bom, mas não consigo realizá-lo. Pois o que faço não é o bem que desejo, mas o mal que não quero fazer, esse eu continuo fazendo. Ora, se faço o que não quero, já não sou eu quem o faz, mas o pecado que habita em mim. Assim, encontro esta lei que atua em mim: Quando quero fazer o bem, o mal está junto a mim. No íntimo do meu ser tenho prazer na Lei de Deus; mas vejo outra lei atuando nos membros do meu corpo, guerreando contra a lei da minha mente, tornando-me prisioneiro da lei do pecado que atua em meus membros. Miserável

> homem que eu sou! Quem me libertará do corpo sujeito a essa morte? Graças a Deus por Jesus Cristo, nosso Senhor! De modo que, com a mente, eu próprio sou escravo da Lei de Deus; mas, com a carne, da lei do pecado (Romanos 7:15-25).

Paulo não é um jogador de golfe descrevendo seu jogo inconsistente. Em vez disso, ele está escrevendo sobre o conflito de duas naturezas dentro dele. Uma diz "faça o bem", enquanto a outra o puxa para baixo.

Um novo cristão estava dividindo comigo sua frustração sobre nem sempre conseguir fazer o que era certo e o que pretendia. Esse indivíduo disciplinado perguntou: "Pastor, o senhor entende como me sinto?" Minha resposta: "Sim, e Paulo também." Recorri a Romanos 7 e comecei a ler. Ele me parou e perguntou: "Onde está escrito isso? Preciso ler isso."

Espero que ele também vá para Romanos 8 onde Paulo fala sobre salvação. "Portanto, agora já não há condenação para os que estão em Cristo Jesus" (versículo 1).

O Salmo 51 é conhecido como a oração de Davi pelo perdão depois que se envolveu no pecado duplo de adultério e assassinato. No Salmo 32, Davi registra como se sentiu durante o tempo em que estava tentando encobrir seu pecado. "Enquanto eu mantinha escondidos os meus pecados, o meu corpo definhava de tanto gemer." Por um ano ele tentou viver com a consciência pesada e uma atitude caída. Finalmente, depois do confronto com o profeta Natã, Davi ora a Deus por perdão. Essa oração é apresentada no Salmo 51:1,2:

> Tem misericórdia de mim, ó Deus, por teu amor; por tua grande compaixão apaga as minhas transgressões. Lava-me de toda a minha culpa e purifica-me do meu pecado.

Depois ele abraça seu perdão reconhecendo sua culpa, reconhecendo seu pecado e não culpando Deus (versículos 3 e 4).

O perdão é uma coisa; no entanto, vencer o pecado é outra. Davi ora por poder purificador nos versículos 5 a 13. Sua oração revela oito passos para essa salvação e o poder sobre o pecado.

1. "Ajuda-me a entender a verdade sobre mim."
   "Sei que desejas a verdade no íntimo; e no coração me ensinas a sabedoria" (versículo 6).

2. "Deixa que o sacrifício de sangue se aplique ao meu coração."
   "Purifica-me com hissopo, e ficarei puro; lava-me, e mais branco do que a neve serei" (versículo 7).

3. "Enche-me de alegria e felicidade."
   "Faze-me ouvir de novo júbilo e alegria, e os ossos que esmagaste exultarão" (versículo 8).

4. "Deus, esquece os meus pecados. Eu não posso ficar me lembrando deles sempre."
   "Esconde o rosto dos meus pecados e apaga todas as minhas iniquidades" (versículo 9).

5. "Dá-me um novo coração que faz o bem naturalmente."
   "Cria em mim um coração puro, ó Deus, e renova dentro de mim um espírito estável" (versículo 10).

6. "Assegura-me da tua presença."
   "Não me expulses da tua presença, nem tires de mim o teu Santo Espírito" (versículo 11).

7. "Dá-me o desejo de fazer o que tu queres que eu faça."
   "Devolve-me a alegria da tua salvação e sustenta-me com um espírito pronto a obedecer" (versículo 12).

8. "Deixa-me ensinar aos outros o que eu experimentei." "Então ensinarei os teus caminhos aos transgressores, para que os pecadores se voltem para ti" (versículo 13).

Susanna Wesley, mãe de John e Charles, uma vez usou esta frase pungente: "Tudo que enfraqueça sua razão, esmoreça a ternura da sua consciência, obscureça seu senso de Deus ou remova seu gosto pelas coisas espirituais — isso é pecado para você."

Sua atitude começa a vacilar quando o pecado entra na sua vida. Uma natureza fugidia, dura e carnal começa a nos invadir, tudo causado pelo pecado. No início, é atraente, depois chocante; primeiro sedutor, depois alienador; primeiro enganador, depois condenador; promete vida e produz morte; é o que há de mais decepcionante.

Entender o problema é um bom primeiro passo para corrigir sua perspectiva. Se um acidente estiver ameaçando sua atitude, verifique as indicações internas. Veja se você está com medo do fracasso, lidando com o desânimo ou lutando com o pecado.

Capítulo 10

O choque externo

Lei de Murphy — "Nada é tão fácil quanto parece; tudo leva mais tempo do que você espera; e se nada der errado, dará no pior momento possível."
Lei de Maxwell — "Nada é tão difícil quanto parece; tudo é mais recompensador do que você espera; e se nada puder dar certo, dará no melhor momento possível."

Problemas internos não são as únicas coisas que põem em risco nossa perspectiva. Nossa atitude algumas vezes quebra quando as tempestades em nossa volta nos atingem. Eu apontei quatro dessas causas.

A proximidade da crítica

Eu chamo a primeira de *a proximidade da crítica.* Uso a palavra *proximidade* porque a crítica que machuca sempre vem perto de onde vivemos ou de quem amamos enquanto a crítica de outros não é mais pesada que um pisão no pé.

Quando abordo o assunto, muitas vezes pergunto à audiência se consegue se lembrar de uma crítica que gerou muitos efeitos negativos. Sempre recebo com unanimidade um "sim".

Também tive meu lote de comentários críticos. Cresci em uma denominação que atribuía um *status* muito alto a pastores que recebiam todo ano votos unânimes de confiança de suas congregações. Nas conferências de verão, o burburinho era sempre centrado nos votos mais recentes. Essa ênfase foi firmemente implantada em minha mente, e minha prece para meu primeiro pastorado foi: "Senhor, me ajude a agradar a todos." (Essa é definitivamente uma prece de derrota.)

Fiz o que pude. Beijei bebês, visitei os mais velhos, casei jovens, enterrei os mortos, tudo que eu achava que deveria fazer. Finalmente o voto anual deveria ser de acordo com meu desempenho. Quinze anos depois ainda lembro os resultados. Trinta e um favoráveis, um contra e uma abstenção. Agora, o que você faria? Nem todo mundo estava satisfeito comigo. Eu corri para o telefone e pedi conselho a meu pai. Felizmente, ele me assegurou de que a igreja sobreviveria à "crise". Infelizmente, passei seis meses imaginando quem havia votado contra mim.

Com essa experiência pastoral precoce, compreendi o efeito negativo da crítica em um jovem líder de uma igreja. Quem segue seu chamado com um sonho pode facilmente se ver abatido, a não ser que entenda que os melhores frutos são os que os pássaros pegam primeiro.

Jesus, perfeito no amor e na motivação, foi criticado e mal compreendido o tempo todo:

- Chamaram-no de guloso (Mateus 11:19)
- Chamaram-no de bêbado (Lucas 7:34)
- Criticaram-no por andar com pecadores (Mateus 9:11)
- Acusaram-no de ser um samaritano e de ter demônio (João 8:48)

Apesar dos desentendimentos, da ingratidão e da rejeição, nosso Senhor nunca se tornou amargo. Todos os obstáculos foram oportunidades. Tristeza? Uma oportunidade para confortar. Doença? Uma oportunidade para curar. Ódio? Uma oportunidade para amar. Tentação? Uma oportunidade para superar. Pecado? Uma oportunidade para perdoar. Jesus transformou os julgamentos em triunfos.

Compare a atitude de Jesus com a de Amos no antigo "Show de Amos e Andy". Amos estava cansado das críticas constantes de Andy. O mais irritante era o dedo de Andy apontando continuamente para o peito de Amos. Um dia, Amos não aguentou mais: comprou dinamite, enrolou em seu peito e disse a seu amigo Kingfish: "Da próxima vez em que Andy começar a criticar e colocar o dedo no meu peito, essa dinamite vai explodir a mão dele!" Claro que ele não parou para pensar o que aconteceria com o peito dele.

Sempre nos magoamos quando recebemos mal as críticas. Quando tais sentimentos criam raízes, é importante rever os ensinamentos de Jesus:

> Vocês ouviram o que foi dito: "Ame o seu próximo e odeie o seu inimigo." Mas eu lhes digo: Amem os seus inimigos e orem por aqueles que os perseguem, para que vocês venham a ser filhos de seu Pai que está nos céus. Porque ele faz raiar o seu sol sobre maus e bons e derrama chuva sobre justos e injustos. Se vocês amarem aqueles que os amam, que recompensa vocês receberão? Até os publicanos fazem isso! E se saudarem apenas os seus irmãos, o que estarão fazendo de mais? Até os pagãos fazem isso! Portanto, sejam perfeitos como perfeito é o Pai celestial de vocês (Mateus 5:43-48).

Aplicação

Aqui estão alguns modos de evitar que a crítica sabote sua atitude:

1. Quando possível, evite quem o menospreza. Pessoas pequenas tentam colocar você para baixo, mas pessoas grandes o fazem se sentir importante.

2. Pergunte a si mesmo: O que mais incomoda quando sou criticado? Quem faz as críticas, por quê, onde? Qual atitude acompanhou a crítica? Veio de diferentes pessoas sobre o mesmo assunto?
3. Encontre um amigo que tem o dom do encorajamento. Vá a ele e receba a cura pelo dom dele. Mas nunca receba sem usar o seu dom do ministério em troca.

A presença dos problemas

A SEGUNDA TEMPESTADE É *A PRESENÇA DOS PROBLEMAS*.

O único filho de um casal foi mandado para a faculdade longe de casa. As expectativas eram altas, mas as notas dele eram baixas. Depois de alguns meses, o estudante foi expulso. Sabendo do descontentamento que os pais teriam, ele mandou um telegrama para a mãe que dizia: "Fui reprovado em todos os cursos — saí da faculdade — voltando para casa — prepare o pai."

No dia seguinte, ele recebeu o seguinte telegrama: "Pai preparado — se prepare."

A vida é cheia de problemas; devemos estar preparados para eles. Não existem lugares sem problemas e nem quem não os conheça. E os cristãos não são exceção a essa regra!

É minha responsabilidade e alegria disciplinar os principais líderes de minha congregação. Alguns anos atrás estudamos 2 Timóteo em uma série que eu chamo "Tempo para Timóteo". Um dos temas era "Perseguição do líder Cristão". A ideia central: "Todos os que desejam viver felizes em Cristo serão perseguidos." A questão central discutida nesse estudo era: "Você pode nomear um personagem bíblico de grande uso de Deus que não tenha passado por julgamentos?" Pare para pensar. Quase sem exceção, as pessoas sobre as quais lemos na Palavra de Deus passaram por problemas.

Quando Noé velejou pelos mares azuis
Ele teve os mesmos problemas que você;
Por quarenta dias, ele comandou a arca
Antes de achar um lugar para parar.

Às vezes, nos vemos "lotados" de problemas. Talvez o número de dificuldades, mais do que o tamanho de cada uma, seja o que nos assola. Todos temos nossos momentos de "mais do que posso aguentar".

É quando somos como o domador de leões que, depois de um dia ruim, colocou o seguinte anúncio em um jornal: "Domador de leões precisa de domador de leões."

O anúncio do domador de leões lembra a história de um homem que aceitava tudo o que lhe acontecia como manifestação do poder divino. Não lhe cabia, afirmava, questionar os trabalhos da Divina Providência.

Teve toda a infelicidade que alguém pode ter, porém nunca reclamou. Casou-se, e sua esposa fugiu com um empregado. Teve uma filha que foi enganada por um cafajeste, um filho que foi linchado. Um incêndio queimou seu celeiro, um ciclone destruiu sua casa, uma chuva de granizo destruiu seus grãos, e o banqueiro descontou sua hipoteca, tomando sua fazenda. Porém, a cada infortúnio ele se ajoelhava e agradecia a Deus por suas misericórdias sem fim.

Depois de um tempo, sem dinheiro, mas ainda submisso aos desígnios do Alto, ele foi parar no abrigo da cidade. Um dia, foi mandado para trabalhar em uma plantação de batatas. Uma tempestade veio, mas pareceu estar passando, quando de repente, sem avisar, uma luz desceu do céu. Derreteu a relha, rasgou quase todas as roupas que ele estava usando, queimou sua barba, marcou as iniciais de um outro fazendeiro em suas costas nuas e o atirou contra uma cerca de arame farpado.

Quando recobrou a consciência, ele se colocou devagar de joelhos, juntou as mãos e levantou as sobrancelhas em direção ao céu. Então, pela primeira vez, foi assertivo: "Senhor", exclamou, "isso está ficando ridículo!"

Quando nossa atitude quebra, temos duas alternativas. Podemos buscar alterar as circunstâncias ou alterar a nós mesmos. O que pode ser mudado para melhor, devemos mudar. Quando isso for impossível, devemos ajustar nossas circunstâncias de modo positivo.

Antes que os antibióticos fossem inventados, Robert Louis Stevenson, o grande novelista escocês autor de Treasure Island, viu-se confinado à cama. Mas a doença nunca minou seu otimismo. Ao ouvi-lo tossindo, sua esposa observou: "Eu espero que você ainda ache esse dia maravilhoso."

Stevenson olhou para os raios de sol entrando pela janela de seu quarto e respondeu: "Eu acho. Nunca vou permitir que um monte de embalagens de remédios bloqueiem meu horizonte."

O apóstolo Paulo tinha a mesma atitude:

> De todos os lados somos pressionados, mas não desanimados; ficamos perplexos, mas não desesperados; somos perseguidos, mas não abandonados; abatidos, mas não destruídos (2 Coríntios 4:8,9).

Aplicação

Que são os problemas?

Previsões — Moldam nosso futuro.
Lembretes — Não somos autosuficientes. Precisamos de Deus e de outros para ajudar.
Oportunidades — Eles nos tiram de nossa rota e nos fazem pensar criativamente.
Bênçãos — Abrem portas que normalmente não veríamos.
Lições — Cada novo desafio será nosso professor.
Companheiros — Ninguém está livre deles.
Mensagens — Eles nos advertem sobre potenciais desastres.
Solucionável — Nenhum problema é insolúvel para sempre.

O conflito da mudança

A terceira tempestade externa que pode fazer com que nossas atitudes sofram colapsos é *o conflito da mudança.*

Nossa resistência a mudanças é a mais forte que existe. Muitas vezes aproveitamos as recompensas da mudança, mas sofremos o processo. Somos criaturas de hábitos. Primeiro formamos hábitos, depois nossos hábitos nos formam. Somos o que fazemos repetidamente. É fácil vermos nosso mundo apenas por nossa perspectiva. Quando isso ocorre, nós estagnamos e ficamos limitados.

Leia as seguintes declarações. Uma é sempre verdadeira. A outra não é.

"Mudança traz crescimento."

"Crescimento traz mudança."

A primeira declaração, "Mudança traz crescimento", é verdadeira se sua atitude é correta. Com a atitude certa, toda mudança, positiva ou negativa, será uma experiência de aprendizado com resultados de crescimento.

Nossa inabilidade de controlar situações de mudança causam muitas falhas de atitude. Porém, isso não tem que acontecer. Um Natal, eu estava andando pelo escritório de nossa igreja desejando a todos um feliz natal. Ao parar para falar com uma das secretárias voluntárias, perguntei: "Está pronta para o Natal?" Com um sorriso ela respondeu: "Quase. Apenas mais um ursinho para terminar." Pensando que ela estava fazendo os ursinhos para os netos, quis saber: "Quantos netos você tem?". "Nenhum", foi a resposta. "Mas tudo bem. Eu fui pela minha vizinhança e adotei alguns. Imaginei que, se quero uma família no Natal, é melhor buscar uma!"

Com um pouco de insistência de minha parte, ela começou a explicar alguns problemas que teve com sua própria família. Quanto mais ela me falava, mais eu sentia que essa incrível senhora se recusava a mergulhar em autopiedade, sentimento em que muitos se deixam submergir. O Natal para ela seria agradável, e não solitário, porque ela não permitiu que sua atitude colidisse com fatos que não poderia controlar.

O Dr. G. Campbell conta a história de um homem cuja loja foi destruída no grande incêndio de Chicago. Ele chegou para checar os destroços na manhã seguinte carregando uma mesa. À porta, colocou o seguinte aviso: "Tudo perdido, exceto a esposa, crianças e esperança. A loja abrirá normalmente amanhã de manhã."

Tristemente, muitos seguem o exemplo do velho homem no Norte de Maine que chegou aos 100 anos. Um repórter de Nova York que foi entrevistá-lo comentou: "Imagino que você tenha visto muitas mudanças em seus 100 anos."

O senhor cruzou seus braços, enrijeceu os maxilares e respondeu indignado: "Sim, e fui envelhecendo com cada um deles!"

Apliquei algum tempo observando os motivos e as circunstâncias que impulsionam a resistência à mudança. Diante de mudanças, há quem tente fazer um esforço para recuperar o conforto, mas depois há a acomodação e a estagnação. Para a maioria, uma experiência negativa provoca um afastamento acompanhado da afirmação: "Nunca mais."

Em um aquário, uma barracuda tentou atacar um Mackerel, mas foi impedido por uma divisória. Depois de bater o nariz várias vezes, ela finalmente desistiu. Mais tarde, a divisão foi removida, mas a barracuda continuava a nadar só até o ponto onde a barreira estava. Muitas pessoas são assim. Elas se movem até alcançar uma barreira imaginária, mas depois param por uma autoimposição de limitação.

Se apenas soubessem o quanto é ruim essa atitude...

Mudar é essencial para crescer. Um famoso inventor afirmou: "O mundo odeia mudanças, porém é a única coisa que trouxe progressos." Para os cristãos, a mudança deveria nos trazer para mais perto de Deus. Ele ordenou mudança. Precisamos lembrar que nem todas as pessoas nascem de uma vez. Deus ordenou que haja uma sucessão de gerações. Primeiro, um homem é filho, depois pai e então avô e possivelmente bisavô. Cada nova geração é como a afirmação de Deus sobre seus propósitos para nós. De fato, cada geração tem três funções específicas para desempenhar: (1) conservar, (2) criticar, (3) criar.

Cada geração é um banco onde a anterior deposita seus valores. A nova geração examina esses valores, rejeita o que não mais é necessário e usa o que foi deixado para criar novos tesouros. Esse processo de conservação, crítica e criação incrementa a única coisa que tememos: mudanças.

Porém, imagine que cada nova geração tenha que descobrir os números, as línguas, a medicina, os evangelhos. O que aconteceria? O mundo não veria progressos. Mas porque cada geração conserva o que a anterior descobriu, podemos continuar a fazer progresso nas áreas importantes da vida. Isso não significa que cada geração necessariamente use esse conhecimento conservado e essa habilidade para os melhores propósitos, mas sim que cada nova geração se ergue nos ombros do passado e tenta alcançar mais alto.

Quando você percebe que Deus ordenou a sucessão de gerações e que essas novas gerações trazem mudanças, você entende o que uma geração não pode fazer sem as outras. A geração mais antiga gosta de conservar; a geração mais jovem gosta de criticar; mas essa interação produz fricção que ajuda a gerar o poder do progresso. A geração mais antiga é nosso *link* com o passado, a geração mais jovem é nosso *link* com o futuro, e ambos precisamos disso. O jovem precisa da sabedoria do mais antigo, e o mais antigo da ousadia e da visão do mais jovem. Embalsamar o passado é transformar a sociedade em um museu e destruir o futuro que Deus preparou para nós.

Mesmo quando percebem que mudar é inevitável, as pessoas respondem diferentemente a seus desafios. Alguns regridem emocional e espiritualmente e se recusam a tomar parte de uma ação. Um membro da igreja comentou com o pastor: "É um alívio vir a uma igreja onde nada mudou há trinta anos!" Meu coração sangra por esse pastor.

Por outro lado, existem aquelas que vão para o outro extremo e mudam com cada mudança do vento. Elas pulam de vagão em vagão e, como os atenienses para quem Paulo pregou, sempre estão procurando por algo novo. Os velhos hinos são enterrados, as formas familiares de adoração são deixadas de lado e mesmo a terminologia tradicional é substituída pelo jargão que pode deixar o pobre adorador se perguntando se até mesmo Deus entende o que está acontecendo.

Ainda assim, a dose certa de mudança pode nos fortalecer. Moisés usa uma ilustração interessante em Deuteronômio 32:11, onde descreve a mãe águia forçando o filhote a deixar o ninho e voar. O filhote quer ficar no ninho e ser alimentado, mas, se permanecer lá, nunca usará suas grandes asas ou aproveitará a grande altura pela qual foi criado. Então sua mãe tem que expulsá-lo do ninho, pegá-lo pelas asas e derrubá-lo. Ele cai e repete o processo até aprender a voar sozinho.

Você e eu adoramos nosso ninho e trabalhamos duro para construí-lo. Isso explica por que ficamos ressentidos quando Deus começa a "sacudir" o ninho. Deus quer que cresçamos. As almas tímidas oram: "Quem dera eu tivesse asas como a pomba; voaria até encontrar repouso" (Salmo 55:6). Mas os corajosos clamam Isaías 40:31 e "voam alto como águias" direto na cara do vento! Nem todo mundo que cresce consegue amadurecer, e aqueles que falham nesse amadurecimento são com frequência aqueles que fogem de um desafio de mudança.

É encorajador perceber quantos homens e mulheres Deus usou durante o que deveriam ser "anos confortáveis". Abraão e Moisés não eram jovens quando Deus os chamou. E, quando Saulo de Tarso estava começando sua carreira como rabino, Deus sacudiu seu ninho e o forçou a voar. A igreja moderna e a história missionária são repletas de histórias sobre pessoas maduras que estão dispostas a deixar o ninho e servir a Deus nas asas das águias.

A noite do negativismo

A quarta tempestade, que causa mais fatalidades de atitude do que qualquer outra coisa, é chamada de *a noite do negativismo*.

Nossos pensamentos governam nossas ações. Esse é o fato. Em Mateus 15:19, o Senhor disse: "Pois do coração saem os maus pensamentos, os homicídios, os adultérios, as imoralidades sexuais, os roubos, os falsos testemunhos e as calúnias." A questão é: somos governados por pensamentos positivos ou negativos? Assim como pensamentos negativos produzem ações negativas, pensamentos positivos produzem ações positivas. Hoje, estamos onde estamos e somos o que somos por conta dos pensamentos que dominam nossa mente.

Paulo percebeu o poder que existe em nossos pensamentos, encorajando-nos em Filipenses 4 a deixar nossa mente viver em "tudo o que for verdadeiro, tudo o que for nobre, tudo o que for correto, tudo o que for puro, tudo o que for amável, tudo o que for de boa fama", e só se essas coisas forem excelentes e dignas de admiração.

Nosso desafio é pensar certo em um mundo negativo. Todos os dias, recebemos notícias que são bastante desencorajadoras. Todos conhecemos pessoas que mal podem esperar pelo futuro só para que possam olhar para trás com arrependimento. Quando uma empresa de pesquisa de marketing, R.H. Brienskin Associates, promoveu uma enquete perguntando aos entrevistados sobre as melhores coisas que aconteceram com eles nos últimos cinco anos, doze por cento responderam: "nada". São pessoas que só veem péssimas opções em todas as situações. Se engolissem um ovo, ficariam quietos para que o ovo não quebrasse e evitariam se sentar para que o ovo não chocasse. Pensamento e vida negativa promovem muita destruição em nossa vida. Vamos dar uma olhada em algumas delas.

1. Pensamento negativo cria nuvens em épocas de decisões difíceis

Nós muitas vezes nos tornamos tensos em vez de relaxados. Uma ocasião típica em que isso ocorre é um teste. Um comentário que é sempre feito enquanto se estuda é "Espero que não caia esse assunto. Tenho certeza de que vou errar." Começamos o teste e, com certeza, lá está o assunto, seguido pela previsão. Acidente? Não. É uma profecia realizada. Você se sentiu negativo sobre as perguntas, declarou seu medo e respondeu de acordo. Da próxima vez em que estiver estudando para um teste, diga para você mesmo: "Se vai ter uma hora em que eu vou me lembrar dessa resposta, vai ser na hora do teste."

2. Falar negativamente é contagioso

Um homem que vivia ao lado da estrada e vendia cachorros-quentes estava com dificuldade de ouvir, então não tinha rádio. Tinha problemas nos olhos, então não lia jornal. Mas vendia bons cachorros-quentes. Havia placas suas ao longo da estrada. Gostava de abordar as pessoas dizendo: "Quer comprar um cachorro-quente, senhor?" E as pessoas compravam o cachorro-quente. Acabou aumentando a quantidade de salsicha e os pedidos de pães, e comprou um fogão maior para poder tocar o negócio.

Enfim conseguiu que seu filho viesse da faculdade para ajudar. Mas aí, algo aconteceu. "Pai, você não tem ouvido o rádio?", seu filho perguntou. "Você não tem lido o jornal? Está uma recessão horrível. A situação na Europa é terrível. A situação doméstica é pior."

Aí o pai pensou: "Bem, meu filho está na faculdade, ele lê os jornais e ouve o rádio e deve saber o que diz."

Então o pai cortou o pedido de salsicha e pães, retirou as placas e não se incomodou mais em ficar na estrada vendendo seus cachorros-quentes. Suas vendas caíram da noite para o dia.

"Você está certo, filho", o pai disse ao menino. "Com certeza estamos no meio de uma grande recessão."

A atitude negativa de alguém já afetou suas ações?

3. O pensamento negativo nos faz perder o senso de proporção

Algumas pessoas tratam o vazamento do telhado como um furacão. Tudo é um grande projeto. Eles acham um problema em todas as soluções.

A lei de Murphy reza: "Nada é tão fácil quanto parece; tudo leva mais tempo do que esperado; e, se tudo pode dar errado, vai dar e no pior momento possível."

A lei de Maxwell diz: "Nada é tão duro quanto parece; tudo é mais recompensador do que você espera; e, se alguma coisa pode dar certo, vai dar no melhor momento possível."

4. O pensamento negativo limita Deus e nosso potencial

Uma das histórias mais tristes na Bíblia é sobre o fracasso de Israel com relação à entrada na terra prometida, como é dito em Números 13 e 14. É um exemplo clássico de como um evento negativo pode limitar Deus e os outros.

Doze espiões foram para Canaã com as mesmas ordens, para os mesmos lugares, na mesma hora, e voltaram com conselhos diferentes. Para Josué e Calebe a terra prometida era tudo que Deus disse que seria. Eles exclamaram:

> "Entramos na terra à qual você nos enviou, onde manam leite e mel! Aqui estão alguns frutos dela."

Os outros dez homens ofereceram uma descrição negativa. Nos versículos 28 e 29 do capítulo 13, eles reportaram os fatos sem fé.

> "Mas o povo que lá vive é poderoso, e as cidades são fortificadas e muito grandes. Também vimos descendentes de Enaque. Os amalequitas vivem no Neguebe; os hititas, os jebuseus e os amorreus vivem na região montanhosa; os cananeus vivem perto do mar e junto ao Jordão."

No versículo 31, vemos que eles tinham objetivos sem Deus.

> Mas os homens que tinham ido com ele disseram: "Não podemos atacar aquele povo; é mais forte do que nós."

Os versículos 32 e 33 nos dizem que eles continuaram com o exagero sem encorajamento:

> E espalharam entre os israelitas um relatório negativo acerca daquela terra. Disseram: "A terra para a qual fomos em missão de

> reconhecimento devora os que nela vivem. Todos os que vimos são de grande estatura. Vimos também os gigantes, os descendentes de Enaque, diante de quem parecíamos gafanhotos, a nós e a eles."

O resultado?

> Naquela noite toda a comunidade começou a chorar em alta voz. Todos os israelitas queixaram-se contra Moisés e contra Arão, e toda a comunidade lhes disse: "Quem dera tivéssemos morrido no Egito! Ou nesse deserto! Por que o SENHOR está nos trazendo para esta terra? Só para nos deixar cair à espada? Nossas mulheres e nossos filhos serão tomados como despojo de guerra. Não seria melhor voltar para o Egito?" E disseram uns aos outros: "Escolheremos um chefe e voltaremos para o Egito!" (Números 14:1-4).

Eles ficaram com a segunda melhor opção.

5. O pensamento negativo nos impede de curtir a vida

Uma pessoa negativa não espera nada de uma bandeja de prata exceto manchas. Se você tem um vizinho negativo, pegue um copo de açúcar dele. Ele nunca espera que você vá devolver. Chisolm, um pensador e o "pai da multidão", afirmou: "Se a qualquer hora as coisas parecerem melhorar, é porque você fez vista grossa para algo."

6. O pensamento negativo dificulta a resposta positiva dos outros

Esse é provavelmente o maior perigo de um estilo de vida negativo. É algo que tende a exercer controle sobre aqueles que você influencia e ama mais.

A resposta para uma pergunta depende até mesmo de sua formulação. Como um vendedor experiente sempre sabe, as perguntas podem assumir forma positiva ou negativa, em geral sendo respondidas de acordo.

Por exemplo, um jovem estudante de psicologia foi ao exército decidido a testar essa teoria. A tarefa de Drawing K.P. era distribuir abricós no fim da fila da comida.

"Você não quer abricós, quer?", perguntava aos primeiros homens. Noventa por cento responderam: "Não." Assumiu então a abordagem positiva: "Você quer abricós, né?" A metade respondeu: "Sim, quero."

Decidiu testar ainda uma terceira pergunta, baseada na técnica de vendas "ou". "Um prato de abricós ou dois?", indagava. E, embora a maioria dos soldados não gostasse dos abricós do exército, 40 por cento escolheram dois pratos e 50 por cento, um.

O tipo mais comum de negativismo se caracteriza pelo que eu chamo "declaração de mundo plano". Trata-se de uma declaração honesta, condicionada pela educação e pela experiência. Não é mais aceita como fato, mas dirige o pensamento e a ação de muita gente.

A história está repleta de relatos de feitos que especialistas da época declararam impossíveis. O clássico exemplo de "mundo plano" é sobre Colombo e seus planos de exploração.

Em 1490, a rainha Isabella e o Rei Ferdinando da Espanha comissionaram um comitê real com o objetivo de examinar o plano proposto por Cristóvão Colombo para encontrar uma rota menor para as Índias.

O comitê era constituído de um impressionante painel de especialistas liderados pelo principal geógrafo e acadêmico da Espanha. Examinaram o plano de Colombo e apresentaram suas opiniões ao Rei: não poderia ser feito; era muito improvável.

Foi com muita dificuldade que Colombo conseguiu financiar seus navios e convenceu uma tripulação inteira a "dar a volta ao mundo" de navio. Por quê? Por lutar contra uma barreira cultural. A crença da maioria fechava outras possibilidades. Para Colombo, o problema era que todos conheciam a terra como plana.

Felizmente, Isabella, Ferdinando e principalmente Colombo ignoraram os experts. Nina, Pinta e Santa Maria partiram, e um mundo plano se tornou redondo. "Impossíveis" novas terras se tornaram possíveis em vários lugares.

No começo do século XX, uma mostra impressionante de cientistas rejeitou a ideia do avião. Não faz sentido, insistiam. Uma fantasia induzida pelo ópio. Uma ideia sem lógica.

Um dos mais influentes jornalistas políticos dos Estados Unidos havia declarado: "Tempo e dinheiro estão sendo desperdiçados em experimentação de aeronaves."

Apenas uma semana depois, em um lugar chamado Kitty Hawk, na Carolina do Norte, os irmãos Wright taxiavam a ideia deles em uma estrada caseira e lançavam a corrida humana ao ar.

Pois mesmo depois disso os experts continuavam a atacar o avião.

Marshall Foch, Comandante Supremo das forças aliadas na França durante a Primeira Guerra Mundial, assistiu à demonstração e observou: "Muito bom para o esporte, mas sem uso para o exército."

Thomas Edison afirmou que figuras falantes nunca seriam aceitas. "Ninguém vai pagar para escutar sons vindos de uma tela", comentou, tentando também persuadir Henry Ford: a abandonar a invenção e o aprimoramento do motor de carro. "É uma ideia sem valor." Edison, persistente em suas próprias ideias, propôs ao jovem Ford: "Venha e trabalhe para mim. Faça algo que realmente valha a pena."

Pediram para que Benjamin Franklin impedisse todos os experimentos tolos com a luz. Eram um desperdício de tempo.

Experts sugeriram que Madame Curie esquecesse a ideia impossível do rádio.

Um especialista em teatro aconselhou Laurence Olivier a desistir de seus planos de carreira no teatro porque não tinha o que era necessário para ser um bom ator.

Sem dúvida, se pudéssemos voltar aos primórdios, veríamos um teimoso homem das cavernas insistindo em fazer o primeiro fogo produzido por mãos humanas, enquanto, em volta dele, homens mais velhos sacudiam a cabeça: "Que louco. Isso não vai funcionar."

Hoje ainda temos dificuldades com pessoas "mundo plano". Boa parte de nossos pressupostos tem o poder de abafar a criatividade e a conquista de nosso verdadeiro potencial.

Para reforçar nosso entendimento dessa forma sutil de negativismo, listei algumas declarações usando "palavras planas".

> "Líderes nascem, não são feitos."
> "Homens bonzinhos terminam em último lugar."
> "Não é o que você conhece, mas quem você conhece."
> "Você não pode ensinar truques novos a um cão velho."

Quando nos condicionamos a verdades prontas e nos fechamos a novas possibilidades positivas, o seguinte acontece:

> Vemos o que *esperamos* ver, não o que podemos ver.
> Ouvimos o que *esperamos* ouvir, não o que podemos ouvir.
> Pensamos o que *esperamos* pensar, não o que podemos pensar.

Aplicação

Como você transforma seu "mundo plano" em redondo?

1. Identifique o motivo pelo qual você é uma pessoa "mundo plano".
2. Identifique as áreas nas quais você pensa "mundo plano".
3. Identifique as pessoas que podem ajudar você a mudar essa limitação de pensamento.
4. Cheque continuamente o seu progresso.
5. Leia livros de autoajuda, escute cds.
6. Aceite declarações dogmáticas e radicais apenas em pequena quantidade.
7. Coloque todas as declarações feitas em seu contexto apropriado.
8. Leve em consideração a fonte da declaração.
9. Lembre-se, a experiência pode limitar suas perspectivas em vez de expandi-las.

10. O possível nem sempre é conquistado rapidamente e aceito com entusiasmo.

Pensamento para encerrar:

Um modo de pensar "mundo plano" nos permite dormir nele.
Um modo de pensar "mundo redondo" nos mantém circulando.

SEÇÃO IV

Mudando sua atitude

Capítulo 11

Acima e avante

As pessoas, em sua maioria, estão muito próximas a se tornarem quem Deus quer que elas sejam.
JOHN MAXWELL

Uma das grandes descobertas que fazemos, uma de nossas grandes surpresas, é compreender que podemos fazer o que temos de medo de não conseguir. A maioria das prisões em que nos colocamos está dentro de nós; se nos pusermos dentro, poderemos também nos libertar.

Agora, essa verdade nos traz boas e más notícias. A notícia ruim é que muitos de nossos problemas estão dentro de nós. A boa notícia é que começando hoje podemos nos livrar das atitudes ruins para um viver mais efetivo.

Esta seção é dedicada a explicitar esse processo rumo à superação dos problemas de atitude. Para que esse processo seja bem-sucedido, você deve entender o seguinte:

1. O processo precisa de muita dedicação e trabalho eficaz.
2. O processo de mudança nunca termina, porém uma revisão constante da seção IV assegurará os melhores resultados.
3. Todas as desculpas por atitudes erradas devem ser eliminadas imediatamente. A mudança precisa ser encarada com sinceridade e honestidade, como no canto *gospel* que diz: "Sou eu, sou eu, sou eu, Senhor, que estou aqui em necessidade de oração."
4. Encontre um amigo com quem você possa contar de forma regular para uma mudança de atitude.
5. Lembre-se, enquanto lê as páginas seguintes, de que você estará apto a mudar qualquer atitude que desejar.

A atitude do indivíduo é minha maior ênfase em meus seminários de liderança em todo o país. As pessoas, em sua maioria, estão muito próximas a se tornarem quem Deus quer que elas sejam. Afirmo continuamente para minha audiência e agora para você, leitor: "Você só está a uma atitude de distância!" Minha grande alegria está em ajudar um grande número de pessoas a se livrarem de uma atitude em que se sentiam presas para o resto da vida. Para seu encorajamento, um testemunho de um resultado de uma vida modificada, resultando em uma mudança de atitude, está incluído neste capítulo. Leia esta história e lembre-se: isso pode acontecer com você.

> (Um hospedeiro invejoso) não fala com sinceridade" (Provérbios 23:7)."Porque, como imagina em sua alma, assim ele é" (Provérbios 23:7, versão Almeida Revista e Atualizada). Esse versículo tem um significado especial para mim. Pessoalmente já vivenciei experiências sobre a influência da atitude, pois meu pensamento na vida foi capaz de produzir dois homens diferentes.
>
> Minha conversão a Cristo foi essencial para mim. Eu era uma pessoa com atitudes negativas e me transformei em alguém que vive positivamente. Sou visto como alguém muito positivo, mas quem diz isso hoje não me reconheceria vinte anos atrás.

Minhas atitudes passaram por um processo de cura, remodelagem e transformação.

Antes de me tornar cristão, minha atitude era modelada pelo mundo à minha volta. Meu pensamento era de acordo com os valores do mundo. Eu estava vivendo em um lar desfeito e minha atitude correspondia à concepção de que a vida era uma luta, uma luta por sobrevivência. Eu tinha uma autoimagem negativa porque as pessoas significativas na minha vida (família, amigos etc.) tinham uma autoimagem negativa. Crítica e pensamento negativo se tornaram o meu modo de vida porque essas atitudes eram modeladas pelas pessoas a minha volta. Obstáculos e problemas nunca eram vistos como oportunidade de crescimento. Problemas eram maldições para a vida, não bênçãos disfarçadas que podiam ser resolvidas.

Eu sentia que a vida não me ajudava. Eu estava amaldiçoado a ter "o pior de tudo". Tornei-me introspectivo e egoísta. Só tinha olhos para o que eu podia receber da vida. Como eu tinha esse estilo de vida negativo, nada era completo. A vida por si só não tinha sentido; sempre havia uma nuvem negra pairando sobre mim.

As pessoas com quem eu andava, os livros que lia, a música que eu escutava e a ausência de Deus, tudo moldava minha atitude de um modo nada positivo.

Cristo veio até mim em um momento muito importante. Quando eu estava desanimado com meu modo de viver, ele me fez uma nova pessoa. Comecei a perceber que "Cristo em mim" significava uma transformação na mente. Eu não me tornei uma pessoa superpositiva do dia para a noite, mas logo pude ver a vida de forma diferente.

As palavras dele, não o mundo a minha volta, começaram a influenciar minhas atitudes. Eu fiz a escolha de obedecer à Palavra de Deus. Mas eu desejava com todo o meu coração ser diferente. Eu queria ser uma pessoa positiva. Eu queria ter a mente de Cristo.

Conforme eu aprendia mais sobre Cristo, submetendo-me a sua vontade e obedecendo a seu comando, minha amargura em relação à vida mudou. A vida se tornou uma bênção, não um fardo. A vida era cheia de oportunidades, não de obstáculos.

Eu tive o propósito de me expor a modelos positivos. Leio livros de pensamentos positivos, ouço pessoas positivas, associadas a grupos positivos. Por favor, saiba que essas mudanças nem sempre foram fáceis. Eu tinha que lutar contra meu antigo pensamento algumas vezes. Mas a graça de Deus era o fator chave para transformar minha atitude.

Eu sei que Deus pode ajudar qualquer um a mudar sua atitude. Ele mudou minha atitude em relação à vida para uma vida centrada em Cristo positiva e edificante. Eu acredito que os fatores-chave na transformação de minha atitude foram a fé em Deus, desejo de mudar, prontidão para fazer tudo que era necessário para ser diferente (associando-me com pessoas diferentes etc.) e uma resolução forte de ser positivo todos os dias.

Eu acreditava que as circunstâncias determinavam minha atitude. Mas agora eu sei que a escolha, não as circunstâncias, determinam como eu penso. Qualquer um pode se tornar uma pessoa positiva, se quiser. Deus ajudará a todos que desejam ser diferentes.

Esse processo por que passei foi interessante. Ainda está em curso. Deus é fiel. O trabalho que ele começou, ele vai acabar. Não precisamos permanecer negativos. Podemos ser positivos — se quisermos nos submeter ao processo de mudança.

Certamente esse homem passou por tremendas mudanças. Sempre que leio esse testemunho eu sinto um crescimento positivo em sua vida. Felizmente, ele é um amigo próximo, e eu posso acompanhar de perto o sucesso de sua nova atitude positiva. Quando a mudança é bem-sucedida, podemos olhar para trás e chamar tudo o que aconteceu de *crescimento*.

Quem cultiva uma atitude negativa não percebe que a atitude não tem barreiras. As únicas barreiras que deixam nossa atitude engessada são aquelas que nós mesmos colocamos nela. Atitudes como fé, esperança e amor podem ultrapassar qualquer obstáculo. Percebendo essa verdade, deixe-me encorajar você a tomar o controle de suas atitudes e lançar-se às mudanças necessárias.

O piloto de uma aeronave sabe que pode determinar a direção da atitude no avião. Os resultados seguem. Subir para uma atitude mais alta leva tempo. O comentarista de rádio e televisão Paul Harvey afirmou: "Dá para saber quando estamos na estrada para o sucesso. É subir toda vida." Leva tempo para alcançar novas alturas. Seja paciente, saiba que vale a pena lutar por aquilo que vale a pena. Embora a mudança em si não seja o progresso, é o preço que pagamos por ele.

Antes de começar o processo de mudança, segue uma oração:

Querido Deus,

A mudança nunca é fácil, porém o crescimento pede por isso.

Assim, saio do meu mundo de derrota e com cuidado me abro para um novo mundo de vencedores.

Isso levará tempo, Senhor.

Portanto, serei paciente ao deixar a ti e aos outros me ajudarem a me tornar maduro e íntegro, sem me faltar coisa alguma (Tiago 1:4).

Eu vou precisar de muita ajuda.

Vou aceitar aqueles que você manda para mim de vários lugares, em diversas épocas, para minhas necessidades específicas.

Verdadeiramente, Pai, ainda estou intimidado e não tenho força.

Então eu peço para que o Senhor faça algo por mim, pois não consigo fazer por mim mesmo.

E conforme minha atitude vai mudando e um "eu melhor" se torne realidade, eu lhe darei todas as graças. Amém.

Capítulo 12

A escolha dentro de você

Dê um passo gigante de cada vez. Estrategistas militares ensinam seus exércitos a lutar em um front de cada vez. Escolha a atitude que você quer agarrar dessa vez.
JOHN MAXWELL

Nós somos ou mestres ou vítimas de nossas atitudes. É uma questão de escolha pessoal. Quem somos hoje é o resultado das escolhas feitas ontem. Amanhã nos tornaremos o que escolhermos hoje. Mudar significa escolher mudar.

Nas terras do norte do Canadá só existem duas estações, o inverno e julho. Quando as estradas secundárias começam a degelar, elas ficam enlameadas. Os veículos que vão para o interior deixam profundas trilhas que congelam quando o tempo frio retorna. Para quem penetra nessa área primitiva durante os meses de inverno, há uma placa que avisa: "Motorista, favor escolher cuidadosamente em que sulco você dirigirá, porque você ficará neles pelos próximos trinta quilômetros."

Por favor, siga cuidadosamente o caminho que você escolher para sua mudança de atitude. São os "trinta quilômetros" pela estrada que você ficará feliz por ter escolhido. Só você pode determinar percorrer os passos como rascunhados neste capítulo. Eles não só são os primeiros passos que devem ser dados, mas também são os mais importantes. Sem estes passos, será impossível dar os outros.

Escolha Número 1 — Avalie suas atitudes atuais

Isso levará algum tempo. Se for possível, tente se separar de suas atitudes. O objetivo desse exercício não é ver o seu "lado mau", mas uma "má atitude" que impeça você de ser uma pessoa mais realizada. A avaliação ajudará a efetuar mudanças-chave somente quando você identifica o problema.

Quando vê uns troncos emaranhados, o lenhador profissional sobe em uma árvore bem alta e localiza um tronco-chave, explode-o e deixa a correnteza fazer o resto. Um amador começaria na beira do engarrafamento e moveria todos os troncos, eventualmente movendo o tronco-chave. Obviamente, ambos os métodos moverão os troncos, mas o profissional faz seu trabalho de forma mais rápida e eficaz.

Os resultados são a única razão real para a atividade. O processo de avaliação a seguir foi desenvolvido para ajudar você a buscar as respostas certas da maneira mais eficiente.

Estágios da Avaliação

1. *Identifique sentimentos-problema* — Que atitudes o tornam mais negativo em relação a si? Geralmente sentimentos podem ser detectados antes de se esclarecer o problema. Escreva-os.
2. *Identifique comportamentos-problema* — Que atitudes lhe causam mais problemas ao lidar com os outros? Escreva-as.
3. *Identifique pensamentos-problema* — Nós somos a soma de nossos pensamentos. "Um homem é como pensa." Que pensamentos

consistentemente controlam sua mente? Embora esse seja o primeiro passo para corrigir problemas de atitude, eles não são tão fáceis de identificar quanto os dois primeiros.

4. *Clarifique o pensamento bíblico* — O que as escrituras lhe ensinam sobre você como pessoa e sobre as suas atitudes? Mais adiante nesta seção eu compartilharei uma visão escritural das atitudes corretas.
5. *Assegure o compromisso* — "O que eu devo fazer para mudar?" agora se torna "Preciso mudar". Lembre-se, a escolha de mudar é a única decisão que deve ser tomada, e só você pode tomá-la.
6. *Planeje e execute sua escolha* — Esse é o processo que a seção IV ajuda você a pôr em prática.

Sugestão: Essa avaliação vai levar algum tempo. Se você tem um amigo encorajador que o conhece bem, talvez deva contar com a ajuda dele.

Escolha Número 2 — Perceba que a fé é maior do que o medo

A única coisa que pode garantir o sucesso de um empreendimento duvidoso é a fé de que você vai conseguir. Jesus disse: "Eu lhes asseguro que, se vocês tiverem fé e não duvidarem, poderão... dizer a esse monte: 'Levante-se e atire-se no mar', e assim será feito" (Mateus 21:21).

Existe uma maneira bíblica de lidar com o medo de modo que um empreendimento pode ser bem-sucedido e não ser limitado por sentimento algum. A igreja primitiva em Atos estava experimentando um tremendo crescimento. No entanto, em Atos 4, os cristãos encontraram forte oposição. Ordenou-se que eles parassem de testemunhar ou sofreriam severas consequências. Juntos eles se retiraram para orar. Os versículos 29 a 31 registram um processo que eles empregaram para lidar com seu medo. Quando você abordar a mudança de atitude, essa fórmula para o medo será muito útil.

Fórmula em quatro passos para lidar com o medo

1. Entenda que Deus vê seus problemas

"Agora, Senhor, considera as ameaças deles..." (versículo 29).

Aqueles que encontraram dificuldades queriam a garantia de que Deus tinha visto sua perseguição. Quando as coisas estão indo bem, não precisamos de garantia constante de que Deus está conosco. Mas durante uma batalha (e você terá batalhas), existe uma forte necessidade de segurança. A boa notícia foi dada pelo próprio Deus: "Nunca o deixarei, nunca o abandonarei" (Hebreus 13:5).

2. Peça para ser preenchido por uma confiança e amor que são maiores do que o medo

"Capacita os teus servos para anunciarem a tua palavra corajosamente" (versículo 29).

Esse foi um pedido para que mais coisas positivas preenchessem seus corações e mentes. Eles perceberam que uma maneira eficaz de experimentar menos medo era ter mais coragem. É irrealista pensar que todas as apreensões, dúvidas e intimidação vão fugir e nunca nos assombrar novamente. Geralmente positivo e negativo agem em nossa vida ao mesmo tempo. O segredo para vencer? Tenha emoções positivas e busque reforço positivo que sejam mais fortes do que os negativos.

3. Acredite que Deus está operando um milagre em sua vida

"Estende a tua mão para curar e realizar sinais e maravilhas por meio do nome do teu santo servo Jesus" (versículo 30).

Agora havia uma oração para que Jesus intercedesse em nome deles com milagres. Eles perceberam que o que tinha que ser feito exigiria os seus esforços mais os de Deus. Note que eles pediram força primeiro e depois pediram que Deus compensasse a diferença.

Isso deve acontecer em sua vida. Ponha as mudanças que você deseja na atitude, pensamento e comportamento no topo da sua lista de orações. Peça a Deus para que o ajude a fazer o que for possível para trazer uma mudança eficaz. Depois peça a ele para fazer por você o que você não pode fazer por si próprio.

4. Seja cheio do Espírito Santo

"Depois de orarem, tremeu o lugar em que estavam reunidos; todos ficaram cheios do Espírito Santo e anunciavam corajosamente a Palavra de Deus" (versículo 31).

Existe uma relação definitiva entre encher-se do Espírito Santo e a coragem. Mais tarde, nesta seção, darei mais ênfase no viver cheio do Espírito.

Eu conheço muitas pessoas que usam essa fórmula de quatro passos para lidar com o medo diariamente. Isso as guarda e lhes dá força. Eu encorajo você a continuamente recorrer a essa fórmula quando seu progresso começar a ser atrapalhado pelos medos.

Você agora está se preparando para dar um grande passo. Não tenha medo nem hesite. Não se pode passar por um precipício com dois pulinhos. O futuro vale o risco. Amanhã você vai olhar para as mudanças passadas e chamá-las de progressos.

Há anos, foi proposto que fosse construída uma grande usina hidrelétrica em uma pequena cidade no Maine. Como seria construída uma represa no rio, a cidade ficaria submersa. Quando o projeto foi anunciado, deram às pessoas muitos meses para se organizarem e se mudarem.

Antes que a construção começasse de fato, aconteceu algo interessante. Todas as melhorias na cidade pararam. Nada foi pintado. Não foi feito nenhum reparo nos prédios, ruas ou calçadas. Dia após dia toda a cidade foi ficando cada vez mais maltrapilha. Muito tempo antes de as águas virem, a cidade parecia descuidada e abandonada, mesmo embora as pessoas não tivessem se mudado ainda. Um cidadão reclamou: "Onde não há fé no futuro, não há força no presente." Aquela cidade estava amaldiçoada com a falta de esperança porque não tinha futuro.

Escolha Número 3 — Escreva uma declaração de objetivo

Um dia, Charlie Brown estava em seu quintal praticando tiro ao alvo com seu arco e flecha. Ele puxava a corda e a deixava atingir uma cerca. Então seguia a flecha e desenhava um alvo em volta dela. Várias flechas e alvos depois, Lucy disse a Charlie Brown:

— Não é assim que se pratica tiro ao alvo. Primeiro, você desenha o alvo e depois atira a flecha.

A resposta de Charlie:

— Eu sei disso, mas fazendo do meu jeito você nunca erra!

Infelizmente, o "tiro ao alvo" de Charlie Brown coincide com a abordagem de muita gente que, se nunca desenha um alvo, também nunca o acerta.

Quando eu era pequeno, meu pai decidiu construir uma quadra de basquete para mim e meu irmão. Instalou no quintal uma entrada de cimento, colocou uma tabela na garagem e estava se preparando para botar a cesta quando foi chamado para uma emergência. Prometeu terminar o trabalho assim que voltasse. *Sem problema*, pensei. *Eu tenho uma bola novinha da Spalding e um novo piso de cimento para quicá-la.* Por alguns minutos eu quiquei a bola no cimento. Quando aquilo me entediou, peguei a bola e a joguei na tabela — uma vez. A bola saiu da quadra e eu a deixei lá até papai retornar para botar o aro. Por quê? Não tem graça jogar basquete sem um objetivo. A graça é ter algo para almejar.

Essa é a maior diferença entre o trabalho e outras atividades agradáveis. Muitas vezes achamos que o trabalho é monótono porque não tem um objetivo declarado. É quando nos arrastamos para casa, cansados, prontos para sentar e relaxar. Depois nos lembramos: "Hoje é minha noite de boliche." Vamos para o armário e pegamos uma bola de sete quilos, entramos no carro e encaramos um engarrafamento para arremessar essa bola pesada por duas horas! Isso não faz sentido. Estamos cansados e prontos para descansar e agora estamos nos exercitando (não trabalhando) mais do que antes. Por quê? Tudo porque existem dez pinos no final do corredor... um objetivo tangível. Atingi-los traz um reforço imediato. A motivação total do boliche são os dez pinos, o objetivo. Se você não acredita, peça para o operador remover os pinos. Veja quantas vezes você jogará uma bola de sete quilos pelo corredor sem eles.

Para se divertir e ter direção para mudar sua atitude, você deve estabelecer um objetivo claramente declarado. Esse objetivo deve ser o mais específico possível, escrito e assinado, com um prazo. A declaração de objetivo deve ser posta em um ponto visível onde você a veja várias vezes ao dia para lhe dar incentivo. Aqui está um exemplo de uma declaração de objetivo:

"Mudar minha atitude (especificamente: pensamentos negativos, comentários críticos em relação aos outros, ressentimento) seguindo o procedimento mostrado na Seção IV do *A atitude vencedora*. Para atingir esse objetivo de forma eficaz eu vou rever esse processo e meu progresso diariamente me reportando a um amigo que me incentive. Até (data) __________ eu já espero ser notado por meu comportamento positivo."

Você vai atingir esse objetivo se todos os dias seguir essas instruções:

1. Escreva especificamente o que você deseja conquistar a cada dia

A história do encontro de Davi com Golias é uma excelente ilustração de como a fé pode vencer obstáculos intransponíveis com recursos aparentemente inadequados. Mas algo me deixou perplexo quando eu comecei a estudar a vida de Davi. Por que ele pegou cinco pedras para seu estilingue em seu caminho para encontrar Golias? Estou convencido de que as escrituras nunca usam palavras só por usar — o número de pedras tinha que significar alguma coisa. Quanto mais eu pensava, mais perplexo eu ficava. Por que *cinco* pedras? Havia apenas um gigante. Escolher cinco pedras parecia ser uma falha em sua fé. Ele pensava que fosse errar e teria mais quatro chances? Algum tempo depois eu estava lendo 2 Samuel e obtive a resposta. Golias tinha quatro filhos, então havia cinco gigantes. Na cabeça de Davi, havia uma pedra por gigante! Agora, é isso que eu quero dizer em relação a ser específico em nossa fé.

Quais são os gigantes que você deve derrubar para tornar sua atitude o que ela precisa ser? De que recursos você vai precisar? Não seja derrotado pela frustração quando avistar esses problemas. Pegue um gigante de cada vez. Decida qual atitude você quer atacar desta vez. Escreva-a. Quando você começar a vencer batalhas, escreva-as. Isso vai lhe servir de encorajamento. Passe algum tempo lendo sobre as suas vitórias passadas.

2. Verbalize para seu amigo incentivador o que você quer conquistar cada dia

Crença é convicção interna; fé é ação externa. Você se verá cheio tanto de encorajamento quanto de senso de responsabilidade ao verbalizar suas intenções. Uma das maneiras de resolver conflitos é verbalizá-lo para si ou para alguém. Essa prática também é vital para alcançar as atitudes desejadas.

Conheço vendedores de sucesso que repetem essa frase em voz alta cinquenta vezes todas as manhãs e cinquenta vezes todas as noites: "Eu consigo." Dizer e ouvir continuamente essas declarações positivas os ajuda a acreditarem em si próprios e a agirem de acordo com essa crença. Comece o processo introduzindo mudanças em seu vocabulário. Aqui estão algumas sugestões:

Elimine estas palavras	**Torne estas palavras parte do seu vocabulário**
1. Eu não consigo	1. Eu consigo
2. Se	2. Eu vou
3. Dúvida	3. Espere o melhor
4. Eu não acho	4. Eu sei
5. Não tenho tempo	5. Vou arranjar tempo
6. Talvez	6. Com certeza
7. Tenho medo de	7. Estou confiante
8. Não acredito	8. Eu acredito
9. (minimizar) Eu	9. (promover) Você
10. É impossível	10. Deus pode

3. Aja de acordo com o que escreveu e verbalize o que você escreveu cada dia.

Jesus nos ensina que a diferença entre um sábio e um tolo é a sua resposta ao que já sabe. Um sábio segue o que escuta enquanto um tolo sabe mas não age (Mateus 7:24-27).

Lemos em Tiago 1:22-25:

> Sejam praticantes da palavra, e não apenas ouvintes, enganando-se a si mesmos. Aquele que ouve a palavra, mas não a põe em prática, é semelhante a um homem que olha a sua face num espelho e, depois de olhar para si mesmo, sai e logo esquece a sua aparência. Mas o homem que observa atentamente a lei perfeita, que traz a liberdade, e persevera na prática dessa lei, não esquecendo o que ouviu, mas praticando-o, será feliz naquilo que fizer.

Sugestão de ação: por trinta dias, trate todo mundo que encontrar como a pessoa mais importante na terra. Você descobrirá que será tratado da mesma forma. Como o mundo olha para você? Exatamente como você olha para o mundo. Faça alguma coisa positiva para alguém regularmente. Ninguém que alivia o fardo do mundo para alguém é inútil neste mundo.

Escolha Número 4 — Tenha a vontade de mudar

Nenhuma escolha vai determinar o sucesso da sua mudança de atitude mais do que querer mudar. Quando tudo o mais falhar, só a vontade de mudar pode mantê-lo na direção certa. Muitos ultrapassaram obstáculos intransponíveis para se tornarem pessoas melhores quando perceberam que a mudança é possível se eles realmente a quiserem muito. Deixe-me ilustrar.

Enquanto pulava por aí um dia, uma rã calhou de cair em um enorme buraco em uma estrada no interior. Todas as suas tentativas de pular para fora foram em vão. Logo um coelho encontrou a rã presa no buraco e se ofereceu para ajudá-la, mas também falhou. Depois de várias tentativas valentes de um bom número de animais da floresta para tirar a pobre rã dali, finalmente desistiram. "Nós vamos voltar e lhe traremos comida", prometeram. "Parece que você vai ficar aí dentro algum tempo." No entanto, pouco depois que se foram para pegar comida, ouviram a rã pulando atrás deles. Não podiam acreditar! "Achamos que você não pudesse sair!", exclamaram. "Ah, eu não podia mesmo", respondeu a rã. "Mas você vê, havia um enorme caminhão vindo bem na minha direção, e eu tive que sair."

É quando "temos que sair dos buracos da vida" que mudamos. Enquanto tivermos opções aceitáveis, não mudaremos. A pessoa com opções demais me lembra de uma história que dois amigos me contaram.

Eles têm duas sobrinhas que são irmãs. Uma tem onze anos e é uma excelente nadadora. Passa muito tempo praticando para competições. A menina mais nova tem cinco anos e também nada, mas não mostra disposição para praticar e vencer.

No Natal, a irmã mais velha ganhou uma corrida de 220 metros. Seu pai estava lendo o artigo no jornal sobre o sucesso de Lisa e perguntou à filha mais nova: "Shelley, você não gostaria de trabalhar duro, ter seu nome no jornal e se divertir?" "Pai", respondeu ela, "eu preferiria apenas ficar aqui sentada, comendo biscoitos e bebendo leite o resto da minha vida."

Infelizmente, é assim que muitos vivem. Enquanto bebem leite e comem biscoitos, outros pagam o preço e ganham medalhas. De vez em quando os comedores de biscoitos da vida param tempo bastante para se perguntar por que não têm medalhas. Um toque de culpa pode motivá-los por um momento, mas depois decidem voltar para seus biscoitos. Falta-lhes vontade.

A maioria se vê mais confortável com problemas antigos do que com novas soluções, reagindo a suas necessidades de mudanças na vida como o Duque de Cambridge uma vez declarou: "Qualquer mudança, a qualquer tempo, por qualquer razão, deve ser deplorada." Pessoas que não acreditam que nada deve ser feito pela primeira vez nunca veem nada feito.

A Lei de Cotford diz: "Nada está feito até todo mundo estar convencido de que deve ser feito, estando convencido há tanto tempo que agora decide que está na hora de fazer alguma outra coisa."

Mas existe esperança. Parece haver três momentos em nossa vida em que estamos mais receptivos a mudanças. Primeiro, quando estamos tão machucados que somos forçados a mudar. Jesus fala sobre esse tipo de indivíduo em Lucas 15. A parábola do filho pródigo ilustra que, quando estamos olhando para cima do fundo de um chiqueiro, é possível cair em si e conseguir ajuda voltando à casa do pai.

O pródigo agiu da mesma forma que a mulher com uma doença incurável que veio até Jesus somente depois que, em desespero, havia gasto tudo o que tinha em outros médicos (Lucas 8:43).

Ministrei cursos de estudos bíblicos sobre milagres por mais de um ano. Ao final dessa série, escrevi algumas verdades básicas sobre o assunto. Minha maior descoberta foi que todo milagre na Bíblia começava com um problema. Só quando alguém estava sofrendo era que recebia ajuda. Só quando alguém estava questionando era que recebia respostas. Agora, essa verdade contém uma boa e uma má notícia. A má notícia é que o sofrimento tem que ser grande o suficiente para fomentar o desejo de mudar. Só temos algum ganho se houver dor. A boa é que, se você está desesperado e precisa mudar, você é um candidato a um milagre.

Segundo, a receptividade à mudança também é aumentada quando estamos entediados e inquietos. Todo mundo experimenta isso em alguns momentos na vida. Talvez a esposa se sinta assim quando as crianças estão na escola e ela encontra tempo extra para se envolver com outras coisas. Maridos ficam estagnados em seus empregos e começam a perder o interesse no trabalho. Uma insatisfação santa pode ser saudável quando produz mudanças positivas.

É triste para qualquer um o dia em que se vê tão insatisfeito com sua vida, seus pensamentos e seus atos que deixa de ser desafiado para fazer coisas maiores na vida.

Terceiro, a mudança está prestes a acontecer quando percebemos que *podemos* mudar. Essa é a maior motivação de todas. Nada acende os fogos do desejo mais do que a percepção repentina de que você não tem que ficar na mesma. Você não precisa mais sentir o fardo das atitudes negativas. Você não tem nenhuma razão válida para se sentir constantemente amargo e ressentido com a vida, com os outros ou consigo mesmo. Você pode mudar!

Como eu acredito firmemente que as pessoas mudarão uma vez que entendam que isso é possível, costumo sempre compartilhar uma frase. Quando me sobreveem confusão, dúvida, frustração e outros bloqueios mentais, afirmo: "Sim, você pode." Eu já vi centenas de rostos se acenderem com essas três simples palavras e um sorriso encorajador.

Um dia, minha esposa e eu paramos em uma lanchonete para comprar refrigerante. Quando pedi uma coca diet para Margaret, a jovem informou que eles não tinham refrigerantes diet. Então pedi um copo grande de gelo, com a intenção de parar em um mercado no final da rua para comprar uma lata de refrigerante diet. Meu pedido criou uma nuvem no rosto da minha garçonete: "Senhor, acho que não podemos fazer isso aqui." "Sim, você pode", respondi rápida e confiantemente. Logo seu rosto se acendeu e ela reagiu com entusiasmo, indo pegar meu copo de gelo. Tudo de que ela precisava era que alguém a ajudasse a acreditar que ela podia fazer o que lhe tinha sido pedido.

Minha vida é dedicada a ajudar os outros a atingirem seu potencial. Sugiro que você siga o conselho de Mark Twain: "Leve sua mente para sair de vez em quando e dance nela. Ela fica toda renovada." Era o mesmo que afirmar: "Saia desse sulco." Nós nos acomodamos vezes demais em um jeito pré-determinado de pensar e aceitamos limitações que não precisam ser colocadas sobre nós.

A vida é um grande processo de mudança. Com todas as transições vêm novas oportunidades de crescimento. O que é um fator limitador ontem pode não o ser hoje. Aceite a seguinte declaração para a sua vida: "Os dias adiante são cheios de mudanças que são meus desafios. Eu responderei a essas oportunidades com a confiança de que minha vida será melhor por causa delas. Com Deus todas as coisas são possíveis."

O desejo aumenta com o amor. Apaixone-se pelo desafio da mudança e assista ao crescimento do desejo de mudar. Todos nós já conhecemos um desejo que só pode ser expresso nas palavras "O amor me inspirou a agir".

Aleida Huissen, de 78 anos, de Roterdã, Holanda, era fumante havia cinquenta anos. Por cinquenta anos ela tentou abandonar o hábito, sem conseguir. Quando Leo Jensen, de 79 anos, proprôs-lhes casamento e se recusou a levar o compromisso adiante até Aleida desistir de fumar, houve sucesso. Aleida afirma: "Força de vontade nunca foi o bastante para eu largar o hábito. O amor conseguiu."

Cuidado com aquilo que você deseja! Luther Burbank se apaixonou por plantas. Edison se apaixonou por invenções. Ford se apaixonou por automóveis. Kettering se apaixonou por pesquisa. Os irmãos Wright se apaixonaram por aviões.

Cuidado com aquilo que você deseja, pois certamente isso se tornará realidade!

"Deleite-se no SENHOR, e ele atenderá aos desejos do seu coração" (Salmo 37:4).

Escolha Número 5 — Viva um dia de cada vez

Qualquer homem pode lutar a batalha por apenas um dia. É apenas quando você e eu somamos os fardos dessas duas terríveis eternidades, ontem e amanhã, que trememos. Não são as experiências de hoje que distraem os homens; é o remorso ou a amargura por alguma coisa que aconteceu ontem com o temor do que o amanhã poderia trazer. Vamos então viver um dia de cada vez — hoje!

Davi, em sua oração por perdão (Salmo 51), pediu a Deus: "Esconde o rosto dos meus pecados." Ele entendeu que a eficácia hoje é determinada pela cura e pelo esquecimento de ontem. "Meu pecado sempre me persegue" descreve uma condição na vida de Davi que teria atrapalhado a mudança que ele queria realizar. Assim ele usou palavras que pediam claramente a Deus por cura espiritual para sua mente e seu coração. "Apaga as minhas transgressões... Lava-me de toda a minha culpa... purifica-me... lava-me... Faze-me ouvir de novo júbilo e alegria... apaga todas as minhas iniquidades... Cria em mim um coração puro... renova dentro de mim um espírito estável... Devolve-me a alegria da tua salvação... sustenta-me."

Como Davi, você deve orar desse modo, permitindo que Deus o perdoe e cure seu passado. Só Deus pode curar o que aconteceu ontem e ajudar você a viver de forma eficaz hoje. O que você não venceu no seu passado fica para atormentá-lo no seu presente.

Eu encontrei um velho amigo em uma conferência. Enquanto eu falava, notei uma nova alegria em seu rosto. Durante um dos intervalos ele veio e me deu um grande abraço. "John", confidenciou-me, "recentemente, durante uma oração, Deus me curou das cicatrizes no meu passado." Esse homem tinha passado por várias experiências negativas e agora estava sentindo uma nova liberdade e força para viver hoje. Agora que você tem a certeza do perdão de Deus, é importante se concentrar em construir um novo você.

Escolha Número 6 — Mude seus padrões de pensamento

Aquilo que tem nossa atenção determina as nossas ações. Estamos onde estamos e somos o que somos por causa dos pensamentos dominantes que ocupam nossa mente. William James declarou: "A maior descoberta da minha geração é que as pessoas podem mudar suas vidas mudando suas atitudes mentais." Romanos 12:1,2 diz:

> Portanto, irmãos, rogo-lhes pelas misericórdias de Deus que se ofereçam em sacrifício vivo, santo e agradável a Deus; esse é o culto racional de vocês. Não se amoldem ao padrão deste mundo, mas transformem-se pela renovação da sua mente, para que sejam capazes de experimentar e comprovar a boa, agradável e perfeita vontade de Deus.

Há duas premissas que enfatizam o poder dos nossos pensamentos. Primeira: podemos controlar nossos pensamentos. Segunda: nossos sentimentos vêm dos nossos pensamentos. Conclusão? Podemos controlar os nossos sentimentos aprendendo a mudar uma coisa: o modo como pensamos. É simples assim. Nossos sentimentos vêm dos nossos pensamentos. Assim, podemos mudá-los, transformando nossos padrões de pensamento.

Nossa vida de pensamentos, não as nossas circunstâncias, determina a nossa felicidade. Muitas vezes vejo pessoas convencidas de que serão felizes quando atingirem um certo objetivo. Quando atingem o objetivo, muitas vezes não encontram a realização que esperavam.

Isso acontece muito com as mães. Primeiro elas dizem: "Quando Joãozinho terminar o Ensino Fundamental, eu vou ser feliz!" E são, por algum tempo. Depois você as ouve dizer a suas amigas: "Quando Joãozinho terminar o Ensino Médio, eu vou ser muito feliz!" E ficam, pelo menos no verão. A formatura de Joãozinho da faculdade traz o mesmo resultado, assim como o casamento de Joãozinho. E o nascimento do primeiro filho de Joãozinho, quando a mãe se torna uma avó em êxtase, e o sentimento pode continuar até ela virar babá.

Mas se a mãe não tiver aprendido como ser feliz entre suas bênçãos especiais, ela não terá uma vida constante e agradável.

O segredo para se manter sempre no caminho certo? Preencha sua mente com "tudo o que for verdadeiro, tudo o que for nobre... tudo o que for de boa fama, se houver algo de excelente ou digno de louvor, pensem nessas coisas" (Filipenses 4:8). Paulo entendia. Aquilo que tem nossa atenção determina nossa ação.

Escolha Número 7 — Desenvolva bons hábitos

Atitudes nada mais são do que hábitos de pensamento. O gráfico na próxima página vai ajudá-lo a formar hábitos apropriados.

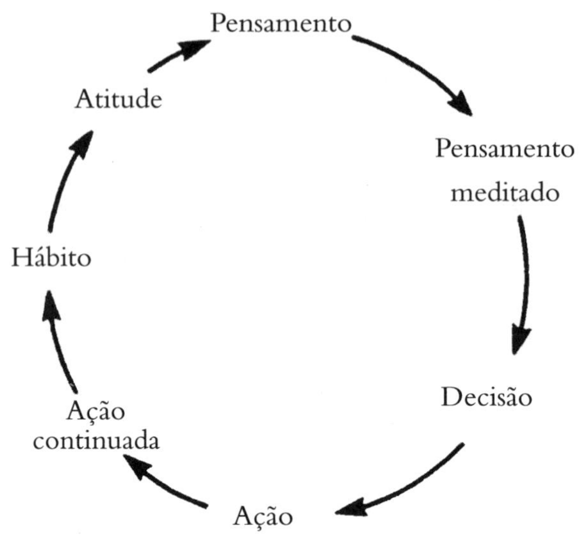

Esse ciclo pode ser positivo ou negativo. O processo para desenvolver hábitos, bons ou ruins, é o mesmo. É fácil formar um hábito de vencer, assim como é fácil sucumbir ao hábito do fracasso. Observe os próximos dois ciclos e veja a diferença.

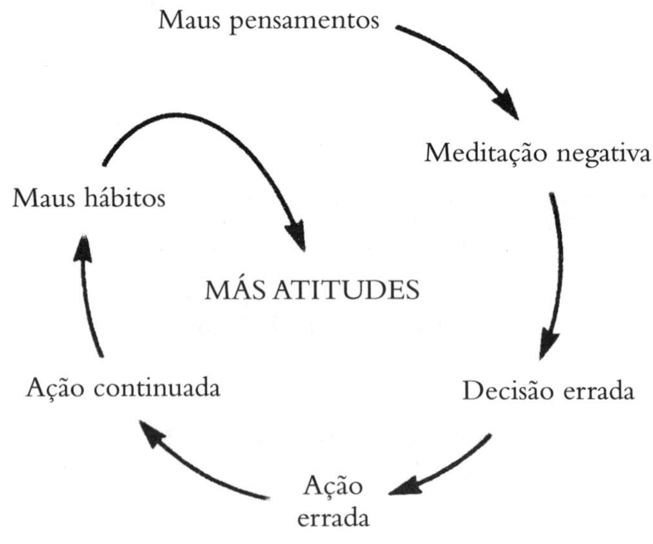

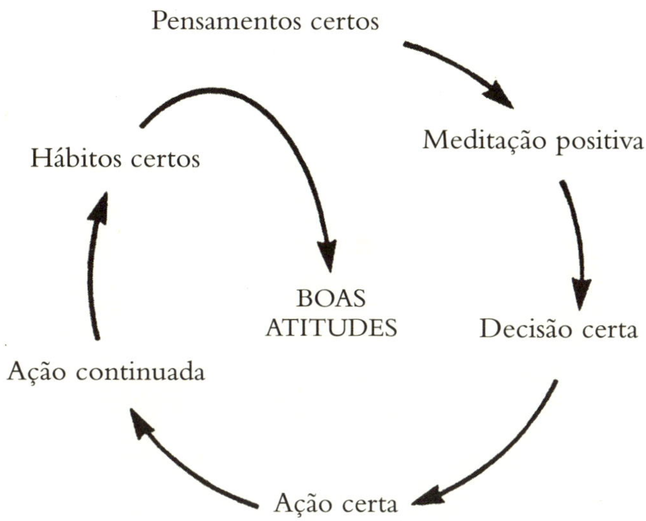

Hábitos não são instintos; são ações ou reações adquiridas. Não acontecem simplesmente, mas são causados. Uma vez que a causa original de um hábito é determinada, está em nosso poder aceitá-lo ou rejeitá-lo. A maioria se deixa controlar por seus hábitos. Quando são dolorosos, esses hábitos estragam as nossas atitudes. A fórmula seguinte vai ajudar você a transformar os maus hábitos em bons.

PASSO 1: Liste seus maus hábitos.
PASSO 2: Qual foi a causa original?
PASSO 3: Quais são as causas de apoio?
PASSO 4: Determine um hábito positivo para substituir o mau.
PASSO 5: Pense no hábito bom, seus benefícios e resultados.
PASSO 6: Aja para desenvolver esse hábito.
PASSO 7: Aja diariamente nesse hábito para reforço.
PASSO 8: Premie-se notando um dos benefícios do seu bom hábito.

Escolha Número 8 — Escolha continuamente ter uma atitude certa

Tendo escolhido cultivar uma boa atitude, o trabalho realmente começa. Agora vem uma vida de decisão contínua de crescer e manter a visão certa. Atitudes têm uma tendência de se reverter a seus padrões originais se não forem cuidadosamente vigiadas e cultivadas.

"A coisa mais difícil em relação a ordenhar vacas", observou um fazendeiro, "é que elas nunca se mantêm ordenhadas." As atitudes geralmente não permanecem mudadas por si. Existem três estágios de mudança nos quais você deve deliberadamente escolher a atitude certa.

Estágio Inicial — Os primeiros poucos dias são sempre os mais difíceis. Hábitos antigos são difíceis de se largar. O processo mental deve estar de guarda continuamente para dar a ação certa.

Estágio do Meio — No momento em que bons hábitos começarem a criar raiz, abrem opções que trazem novos desafios. Novos hábitos se formam que serão ou bons ou maus. A boa notícia é: "Iguais atraem iguais." Quanto mais escolhas e hábitos certos você desenvolver, mais provavelmente bons hábitos serão formados.

Estágio Final — A complacência pode se tornar o inimigo. Todos nós sabemos de incidentes em que alguém (talvez nós) conseguiu perder peso, para depois voltar aos antigos hábitos alimentares e ganhar tudo de novo.

Nossa decisão de continuamente escolher a atitude certa trará muitos benefícios. Um amigo com quem trabalho há cinco anos em mudança de atitude declarou em uma grande conferência de líderes: "Se vocês me conhecessem cinco anos atrás, vocês não me reconheceriam hoje. Minha família, ministério e autoimagem melhoraram muito. Eu trabalho diariamente nas minhas atitudes. Eu não sou o que eu quero ser, mas também não sou o que costumava ser. Eu quero crescer nos próximos cinco anos como eu cresci nos últimos cinco. Para fazer isso eu devo continuamente escolher a atitude certa." Não existe melhora exceto através da mudança. Para melhorar continuamente devemos mudar continuamente.

Você é a chave para mudar sua atitude. Quando se depara com a necessidade de melhora, há quem aja como o homem que entrou no consultório do psiquiatra com a metade de um melão na cabeça como chapéu e cada orelha envolta em um pedaço de bacon. O psiquiatra esfregou as mãos animado: "Peguei um de verdade desta vez", ele pensou. Então o homem com o melão na cabeça e pedaços de bacon envolvendo cada orelha se sentou e anunciou: "Vim para lhe falar sobre o meu irmão."

Ninguém além de você pode determinar o que você pensará e como agirá. Isso é bom! Agora, tome o controle e comece a excitante jornada da melhoria da atitude.

É COM VOCÊ!

Se você pensar que é um vencedor, você vencerá,
Se ousar dar um passo à frente, obterá sucesso.
Acredite em seu coração, tenha um propósito para começar,
Busque ajudar o próximo em sua necessidade.

Pensamentos de fé devem substituir toda dúvida.
Use palavras de coragem e você não tem como falhar.
Se você tropeçar e cair, levante-se bem alto,
Você determina o curso em que navegará.

Pois na vida e na morte você não vê?
É o homem que não tem nada a temer
Que se aproxima dos portões, pára um momento e espera,
Sente a presença de Deus bem perto.

Você recebeu o poder de ver
O que é necessário para ser um homem de verdade.
Deixe seu pensamento puro, isso lhe deixará seguro.
Se você quiser, você sabe que pode.

(Autor desconhecido)

Capítulo 13

As oportunidades ao seu redor

Existem duas coisas que determinam quem somos:
quem queremos ser e com quem andamos.
ANÔNIMO

Uma vez feita a escolha para mudar de atitude, você está pronto para permitir as oportunidades a sua volta para fazer dessa decisão um sucesso.

Oportunidade número 1 — liste a cooperação de um amigo

"Como poderia um só homem perseguir mil, ou dois porém em fuga dez mil, a não ser que a sua Rocha os tivesse vendido, a não ser que o SENHOR os tivesse abandonado?" (Deuteronômio 32:30).

Precisamos uns dos outros! Poucos têm sucesso sem que muitos desejem esse sucesso. A mudança pode nos intimidar. Adicione a essa intimidação a percepção do longo caminho que enfrentaremos antes de nossas atitudes corretas serem estabelecidas e começarmos a nos sentir como as duas vacas pastando que veem um caminhão de leite passar. No caminhão estavam escritas as seguintes palavras: "Pasteurizado, homogeneizado, padronizado com adição de vitamina A." Uma vaca olhou para a outra e comentou: "Isso faz a gente se sentir um pouco inadequada, né?"

Para superar esse sentimento de inadequação, você precisa da ajuda de um amigo. Encontre alguém como Tanzing, o guia nativo de Edmund Hillary que fez a escalada histórica ao Monte Everest.

Descendo do cume, Hillary, de repente, perdeu o equilíbrio. Tanzing segurou a corda firme e cravou seu machado no gelo. Mais tarde, Tanzing recusou qualquer tipo de crédito especial por salvar a vida de Hillary; ele considerava isso uma rotina, parte do trabalho. Como afirmou, alpinistas sempre ajudam uns aos outros.

Tanzing percebeu que nunca podemos fazer algo por alguém que não traga algum benefício para nós mesmos. A lei da vida é que, ao seu tempo, o bem é pago com o bem. Porém, ajudar alguém não trará um benefício só para você, mas também para um amigo.

Algumas condições necessárias para o sucesso do esforço cooperado:

1. Um amigo com quem você possa falar todos os dias.
2. Alguém que você ama e é encorajador.
3. Alguém com quem você tenha honestidade mútua e transparência.
4. Uma pessoa que teve sucesso na superação de problemas.
5. Alguém que tem uma fé firme em Deus e acredita em milagres.

O livro dos Atos começa com a exultação da igreja. No meio de toda alegria e crescimento, lemos sobre uma situação muito significativa — João e Pedro juntos em um ministério de irmandade. O motivo? João estava encorajando Pedro. Algumas semanas antes, Pedro negou seu Senhor e não estava indo particularmente bem. De fato, queria voltar a pescar. João, o discípulo do amor, decidiu fazer de Pedro seu ministro.

Atos 3 registra a cura milagrosa desse homem medíocre, mas havia outra cura na vida de Pedro, uma cura interna, enquanto João caminhava com ele para o Templo. Será que a grandiosidade de Pedro foi em parte resultado da aceitação de João? Vá e encontre um amigo como João.

Oportunidade número 2 — junte-se às pessoas certas

Uma manhã, eu cheguei ao meu escritório e vi o seguinte bilhete em minha mesa: "Bom-dia, Pastor Maxwell. Existem duas coisas que determinam que somos: (1) quem percebemos ser e (2) com quem andamos."

Que verdade! Enquanto refletia nessa nota, concluí que uma grande parte de nossa autoimagem (quem nos permitimos ser) é determinada pelas nossas amizades. A aceitação da atitude está baseada muitas vezes no quão importante a atitude é em complementar e destruir a autoimagem que sentimos que outras pessoas têm de nós.

"Diga-me com quem andas que te direi quem és." De amigos aprendemos muito de nossos pensamentos, modos e características. Mudar nossa atitude de negativa a positiva sempre requer mudanças nas amizades. Não é por acidente que crianças com boas notas andam com crianças com boas notas. Aconselhando pessoas com problemas no casamento, observei que com frequência os amigos do casal também estão enfrentando problemas.

Muitas vezes, as pessoas culpam as circunstâncias pelos problemas. Mas em geral é quem anda com a gente, não as circunstâncias, que faz a diferença em nossa vida. Boas circunstâncias com amigos ruins resultam em derrota. Circunstâncias ruins com bons amigos resultam em vitória.

Algum tempo atrás, eu estava ouvindo o comentarista Paul Harvey no rádio. Ele abriu o programa com a história real de um casal que estava tentando adotar uma menina. O casal foi recusado pela agência, não pela personalidade deles, mas porque, de acordo com a agência, a atitude deles era "positiva demais". Argumentaram que a menina não teria uma visão realista do mundo de hoje, uma visão do lado bom e ruim da vida.

Dá para acreditar nisso? Espero que você se junte a amigos que sejam positivos e mantenha-os com uma "visão" realista do mundo de hoje. Embora não seja realista se juntar apenas com pessoas positivas, é possível escolher amigos que tenham um olhar adequado sobre a vida.

Oportunidade número 3 — selecione um modelo para seguir

Comunicadores dizem que 90 por cento do que aprendemos é visual, 9 por cento é auditivo e 1 por cento vem de outros sentidos. Nossa dependência dos olhos para aprender é sem dúvida, pelo menos em parte, um resultado da influência da televisão em nossa cultura. Mensagens visuais duram mais do que auditivas. Você poderia escolher um modelo que lhe proporcionasse uma visualização constante do que você quer se tornar. Tomar uma única decisão para alterar uma atitude não é suficiente. A visão do que você deseja deve ser constante. Para conquistar o tipo de vida que você quer, você deve agir, andar, falar e se conduzir como a pessoa ideal que você visualiza ser. Gradualmente, o que for velho vai embora e você será substituído com o novo.

O apóstolo Paulo entendeu e praticou a importância do modelo. Em quase todas as cartas às igrejas ele encorajou as pessoas a seguirem seu exemplo. Propôs à igreja de Filipos: "Ponham em prática tudo o que vocês aprenderam, receberam, ouviram e viram em mim. E o Deus da paz estará com vocês" (Filipenses 4:9). Ele lembrou Timóteo, encorajando-o a ser um superador: "Mas você tem seguido de perto o meu ensino, a minha conduta, o meu propósito, a minha fé, a minha paciência, o meu amor, a minha perseverança, as perseguições e os sofrimentos que enfrentei" (2 Timóteo 3:10,11). Pedro pede que os líderes espirituais sejam "exemplos para o rebanho" (1 Pedro 5:3). O maior dos princípios motivacionais é: As pessoas fazem o que elas veem. Como adultos, ainda estamos brincando de siga o líder. Nada inspirará mais você a mudar do que ter um belo exemplo a seguir.

Minhas atitudes vêm como um resultado de modelo de meus pais. Normalmente, ao falar em conferências e tentar ajudar a positivar atitudes, dou diversas ilustrações de minha vida. Um casal ao ouvir essas ilustrações quis mudar desesperadamente. Decidiram convidar meu pai e minha mãe para a casa deles por um fim de semana. No dia em que minha mãe foi embora, a anfitriã entrou no quarto de hóspedes e começou a orar, pedindo a Deus que lhe desse a sabedoria e a força positiva de minha mãe, assim como o manto de Elias caiu sobre o profeta Eliseu.

Em 1981, visitei a igreja Metodista Pentecostal no Chile, América do Sul. A congregação tinha mais de 85.000 membros. Meu coração estava tocado, pois eu estava tendo a experiência do trabalho maravilhoso que Deus fazia naquela congregação. Em um mês eu me tornaria o pastor sênior na igreja wesleyana Skyline em San Diego, Califórnia. Meu desejo era construir uma grande igreja para Deus. Percebendo que o pastor Vasquez foi abençoado imensamente pelo senhor, pedi para que ele colocasse as mãos sobre mim e pedisse a Deus bênção ao meu ministério. Refletindo nisso, percebi que eu havia seguido um modelo, mesmo que por poucos dias.

Comece procurando alguém para dar uma melhorada em sua vida. Se ninguém parece estar disponível, peça a Deus para mandar um cristão com uma atitude vencedora. Peça a esse indivíduo para orientar você por alguns meses. Aproveite a experiência de crescimento como exemplo.

Oportunidade número 4 — aprenda com seus erros

Essa é a oração dos que querem caminhar: "Senhor, dê-me a coragem de falhar; pois, se eu falhei, pelo menos eu tentei. Amém."

O instante em que uma ideia é concebida é um momento de decisão. Quando percebe que se abriu uma oportunidade de crescimento, o que você diz a si mesmo? Você vai aproveitar a chance com prazer e declarar: "Posso fazer isso dar certo!"? Ou se encolhe murmurando: "Isso não tem jeito... muito difícil... eu não acho que isso possa ser feito"? Nesse momento, você escolhe entre sucesso e fracasso. Você ajuda a formar um hábito positivo ou negativo pensando no que diz a si mesmo. Então dê ao seu "eu melhor" uma chance de crescer. Forme o hábito de uma reação positiva, seguido de uma ação positiva. Não podemos fazer o vento soprar do jeito que queremos, mas podemos ajustar nossas velas para que nos levem aonde queremos.

Você não pode controlar todas as circunstâncias nem tomar as decisões certas que trazem bons resultados sempre. Mas pode aprender com seus erros. A seguinte fórmula vai ajudar você a tirar proveito de seus erros.

Fórmula para superar os erros

1. Reconheça

O que é falha? É permanente? Existe uma segunda chance? Complete esta frase circulando a frase correta.

Uma pessoa é um fracasso quando

(a) comete um erro;

(b) desiste;

(c) alguém acha que é.

2. Revise

O erro deveria ser nosso professor, não nosso coveiro. O erro é um atraso, não uma derrota. É uma saída do caminho temporária, não uma rua sem saída. Um vencedor é grande o suficiente para admitir seus erros, esperto o suficiente para lucrar com eles e forte o suficiente para corrigi-los. A única diferença entre o homem malsucedido e o homem bem-sucedido é que o malsucedido errou três vezes em cinco.

3. Reprima

Talvez seus problemas pessoais causem o erro. Se sim, comece a trabalhar imediatamente na autodisciplina. Se você é o problema, controle-se. Lord Nelson, um famoso herói naval inglês, sofreu de enjoo no mar durante toda sua vida. Porém, o homem que derrotou a frota de Napoleão não deixou isso interferir em sua carreira. Ele não só aprendeu a viver com sua fraqueza pessoal, mas também a domou. Todos nós temos nossas próprias fraquezas também. Para alguns, elas podem ser físicas; para outros, psicológicas. Normalmente, é uma guerra pessoal. Ninguém nos dará uma medalha por vencê-la, mas nada paga a satisfação de sabermos que não nos rendemos.

4. Reajuste-se

Um respeitável cirurgião plástico contou a história do menino que perdeu sua mão na altura do pulso. Quando teve de contar ao menino sobre sua condição, ele respondeu: "Eu não sou aleijado, só não tenho a mão direita." O cirurgião descobriu que esse menino era um dos melhores do time de futebol americano de sua escola. Não é o que você perdeu, mas o que você deixou é o que conta.

5. Retome

Erros marcam a estrada do sucesso. Aquele que não comete erros não faz progressos. Certifique-se de que você cometeu um número razoável de erros. Eu sei que isso vem naturalmente para algumas pessoas, mas muitos têm tanto medo de errar que fazem da vida algo rígido, impedindo mudanças e por fim perdendo o tipo de oportunidade que poderia fazer toda a diferença. Então dê uma olhada em seu histórico. Se você chegar ao fim do ano e vir que não cometeu nenhum erro, pergunte a si mesmo se tentou tudo que poderia ter feito.

É um clichê dizer que aprendemos com nossos erros, então eu vou colocar isso de maneira mais forte: você não pode aprender sem erros. Uma razão pela qual as pessoas nunca crescem através da mudança é que elas não suportam fracassar. Mesmo os mais capazes têm mais falhas que sucessos. O segredo é que não deixam a falha perturbar tanto assim. Fazem seu melhor e deixam a coisa ir do jeito que deve ser, para em seguida partir para o próximo passo.

No beisebol profissional, qualquer um que consiga várias batidas é um superstar. É uma questão de porcentagem. E na vida é da mesma forma. Se você cometeu alguns erros, aprenda com eles e faça melhor da próxima vez. Derrotas fazem parte do jogo, nada para se envergonhar. Apenas vá em frente e continue!

Oportunidade número 5 — exponha-se a experiências de sucesso

É preciso cinco experiências positivas para superar uma negativa. Quando confrontados com a possibilidade de falhar, nossa tendência é sentar e ficarmos ansiosos. O medo é o sinal da natureza para ficarmos ocupados. Superamos isso com uma ação de sucesso.

Uma vez ouvi um orador dizer: "Nós superamos pela ação." Isso é parcialmente verdade. Experiências continuamente sem sucesso podem aumentar nosso desejo de abandonar o jogo na arena da vida. Ação que produz confiança e um grau de sucesso nos encorajará a tentar novos desafios.

Foi o que aprendi quando joguei basquete no segundo grau. Um ano, meu técnico teve a ideia "brilhante" que nos ajudaria a dar lances mais altos com mais exatidão. Ele substituiu a cesta por uma de altura menor. Ele pensou que, se conseguíamos acertar a mais baixa, seria mais fácil acertar a mais alta no jogo. Eu via meus colegas praticarem os lances livres na cesta mais baixa. Eles perdiam sempre e pareciam frustrados. Já que eu era capitão do time e tinha 80 por cento dos acertos nos lances livres, decidi falar com o meu técnico com cuidado. Minha teoria era oposta à dele. Minha teoria era de que os erros constantes na cesta mais baixa criariam uma imagem de fracasso e resultariam em erro nos jogos. Esse foi o resultado! Pensando nesse incidente, isso me fez pensar o que teria acontecido se o técnico tivesse colocado cestas mais altas.

Nada nos intimida mais do que uma exposição constante ao fracasso. Nada nos motiva mais do que a exposição constante ao sucesso. Porém, descobri que as pessoas mudam mais rápido se puderem se deparar com situações de sucesso. Acredite nisso, ensinei minha filha Elizabeth a acertar uma bola com um bastão. Eu não queria que ela parasse de se mexer porque ela poderia perder, mas porque isso lhe daria um sentimento de derrota. Então eu lhe dei as seguintes instruções: "Elizabeth, é sua responsabilidade mover o bastão. É meu papel acertar a marca com a bola enquanto arremesso."

Elizabeth começou sem medo a girar o bastão. Ela não tinha nada a perder! Toda vez em que girava o bastão, era um sucesso. O problema — eu perdia. Finalmente, depois de muitos giros e muitas falhas, Elizabeth colocou o bastão para baixo, olhou para mim com desdém e exclamou: "Pai, você perde direto!"

Comece hoje a andar com pessoas de sucesso. Leia livros que o ajudem a ser uma pessoa melhor. Encontre algo que você faça bem e faça-o. Ajude uma pessoa que precisa dos seus dons espirituais a ser uma pessoa melhor. Alimente suas atitudes corretas, e, antes que você saiba, suas atitudes ruins irão morrer. Escreva seus sucessos e revise-os sempre. Divida seu crescimento com aqueles que estão interessados em você e que já possuem uma atitude excelente. Tire diariamente um tempo para se parabenizar e agradeça aos outros por tornar essa mudança de atitude possível.

Capítulo 14

O Deus acima de você

Quando eu estou seguro em Cristo, posso encarar riscos em minha vida. Apenas o inseguro não pode arriscar errar. O seguro pode ser honesto sobre si mesmo e admitir o erro, procurando ajuda e tentando de novo. Pode mudar.
JOHN MAXWELL

"Um estrangeiro diferente foi de grande ajuda para os colonizadores americanos durante a guerra revolucionária", contou o professor de história. "Você pode me dar o nome dele, Tommy?"

"Deus", respondeu Tommy.

E. Stanley Jones fez uma consideração impressionante: "Nada além de Deus está enraizado em realidade eterna. Tudo o mais contém uma falha estrutural." Para toda previsão possível do homem, existe uma correspondência da graça de Deus. Em outras palavras: para cada necessidade humana em particular existe um recurso sobrenatural. Para cada problema definido existe uma resposta definida. Para cada ferida existe a cura. Para cada fraqueza existe a força. Para toda confusão existe a orientação.

Se você entender a verdade, sua vida pode ser diferente. Jeremias entendeu isso quando exclamou: "Ah! Soberano SENHOR, tu fizeste os céus e a terra pelo teu grande poder e por teu braço estendido. Nada é difícil demais para ti" (32:17). Um de meus versículos favoritos está em 2 Crônicas 16:9: "Pois os olhos do SENHOR estão atentos sobre toda a terra para fortalecer aqueles que lhe dedicam totalmente o coração."

Existem várias maneiras através das quais Deus suporta e fortalece nossa vida enquanto mudamos.

Força número 1 — a Palavra de Deus

Quando as verdades da Bíblia permeiam nossa mente e coração, nossa atitude só pode melhorar. As palavras dele contêm muitos relatos de pessoas que continuamente demonstram que o relacionamento do homem com Deus nos proporciona uma mente saudável. Paulo é apenas um exemplo.

"Eu não sei por que é assim", um bispo anglicano uma vez ponderou "que, em todos os lugares em que o apóstolo Paulo ia, havia uma revolução, e em todos os lugares em que eu vou, eles servem um copo de chá."

Atualmente, vivemos uma vida relativamente fácil. Mas o apóstolo Paulo mal podia colocar o pé em uma cidade antes de uma briga acontecer. Parecia que Paulo estava sempre se colocando em apuros. Durante sua primeira jornada missionária, ele foi apedrejado e deixado para morrer. Durante sua segunda viagem missionária, ele pagou com a prisão por ter virado o mundo de cabeça para baixo. Por toda a sua vida, Paulo teve as piores experiências: prisão, surra, naufrágio, exaustão. Nem de perto a "vida cristã vitoriosa" que sempre visualizamos, não é mesmo? Mas, apesar dessa intensidade e dos sofrimentos, Paulo manteve uma consistente atitude de gratidão e alegria. Eles o jogaram na prisão. O que ele fez? Reclamou? Não! Cantou hinos de alegria a Deus (Atos 16:25). Eles o jogaram na prisão de novo. Ele encoraja os outros que "alegrem-se sempre no Senhor" (Filipenses 4:4). A atitude dominante de Paulo — sejam quais forem as circunstâncias — era alegria. De onde veio a alegria de Paulo?

Talvez possamos ter insights da vida vitoriosa de Paulo ao ler sua carta aos Romanos. O capítulo 8 nos oferece o que eu chamo de "crenças fundamentais para uma atitude cristã positiva".

Primeira crença — "eu sou verdadeiramente importante"

> Sabemos que Deus age em todas as coisas para o bem daqueles que o amam, dos que foram chamados de acordo com o seu propósito. Pois aqueles que de antemão conheceu, também os predestinou para serem conformes à imagem de seu Filho, a fim de que ele seja o primogênito entre muitos irmãos. E aos que predestinou, também chamou; aos que chamou, também justificou; aos que justificou, também glorificou (versículos 28-30).

Meu senso de importância está relacionado à consciência de que somos "chamados de acordo com o seu propósito" (versículo 28); de que Deus nos predestinou para sermos "conformes à imagem de seu Filho" (versículo 29); de que ele nos "chamou... justificou... glorificou" (versículo 30).

Segunda crença — "estou verdadeiramente seguro"

> Que diremos, pois, diante dessas coisas? Se Deus é por nós, quem será contra nós? Aquele que não poupou seu próprio Filho, mas o entregou por todos nós, como não nos dará juntamente com ele, e de graça, todas as coisas? Quem fará alguma acusação contra os escolhidos de Deus? É Deus quem os justifica. Quem os condenará? Foi Cristo Jesus que morreu; e mais, que ressuscitou e está à direita de Deus e também intercede por nós. Quem nos separará do amor de Cristo? Será tribulação, ou angústia, ou perseguição, ou fome, ou nudez, ou perigo, ou espada? Como está escrito: "Por

> amor de ti enfrentamos a morte todos os dias; somos considerados como ovelhas destinadas ao matadouro". Mas, em todas essas coisas somos mais que vencedores, por meio daquele que nos amou. Pois estou convencido de que nem morte nem vida, nem anjos nem demônios, nem o presente nem o futuro, nem quaisquer poderes, nem altura nem profundidade, nem qualquer outra coisa na criação será capaz de nos separar do amor de Deus que está em Cristo Jesus, nosso Senhor (versículos 31-39).

Quando eu sei que estou seguro nele, posso correr riscos em minha vida. Apenas o inseguro não pode arriscar falhar. O seguro pode ser honesto sobre si mesmo e admitir o erro, procurando ajuda e tentando de novo. Pode mudar.

Muitas vezes, as pessoas me pedem para ajudá-las a superar um problema sério do passado. Uma pessoa estava com uma dificuldade especial em deixar algo do passado ir embora. Seu passado era horrível — pais separados, suicídio, falência nos negócios, problemas mentais e falta de amor. Então, em desespero, havia o desejo por uma vida nova, uma cura da mente assim como da alma. Naquele dia, eu li parte da escritura que também vai encorajar você:

Esqueçam o que se foi; não vivam no passado.Vejam, estou fazendo uma coisa nova! Ela já está surgindo! Vocês não a reconhecem? Até no deserto vou abrir um caminho e riachos no ermo (Isaías 43:18,19).

Lembre-se das palavras de Jeremias: "Existe algo que é difícil demais para o Senhor?" É a Bíblia, não Norman Vincent Peale, que afirma primeiramente: "Todas as coisas são possíveis para aquele que crê." A Palavra de Deus, não de Maxwell Maltz, autor de Psycho-Cybernetics, afirma: "Todas as coisas pelas quais você ora e pede, acredite que você as receberá, e elas serão dadas a você." As escrituras, não Robert L. Schuller, declaram primeiro: "Tudo que você pede em oração, acreditando, você receberá." O mundo de Deus nos encoraja e guia para mudar nossa vida.

Força número 2 — oração

Muitas orações magníficas na Bíblia são eficientes, porém curtas. O Salmo 25:1-10 é uma oração curta, simples e sincera. E também é muito eficiente. O Pai Nosso consiste em menos de cem palavras. (Compare isso com as 26.911 de uma ordem do governo aumentando o preço do aipo, por exemplo.)

Eu li no jornal da Associação de Secretárias Jurídicas do Colorado que, se um advogado tivesse escrito a Oração do Senhor, "o pão nosso de cada dia nos dai hoje", seria assim: "Pedimos respeitosamente através desta petição que a provisão adequada seja feita, esta data e a data acima descrita, para a satisfação nutricional do cliente e pela organização de tais métodos de alocação e distribuição faz-se necessário assegurar a recepção de tal quantidade de cereal (doravante chamado "pão") conforme, no julgamento das referidas pessoas, constituir quantidade suficiente."

O Salmo 25 descreve uma pessoa que escolheu o caminho certo, porém não achou sempre fácil caminhar. O caminho está cheio de inimigos que não desejam nada além de envergonhá-lo. O viajante também está imerso em dúvidas internas conforme vai se lembrando de falhas passadas. O que ele deve perceber é que a estrada é muito difícil para andar sem a companhia e a amizade de Deus.

O salmista, encrencado por completo, parou por um momento no caminho. Ele sabe que não pode voltar atrás, mas mal sabe como continuar. Porém, ora para Deus ajudá-lo a seguir através de sua decisão a permanecer na estrada certa.

Nós aprendemos cinco coisas nos versos 1-10.

1. Ele sabe em qual direção olhar para buscar ajuda

> A ti, SENHOR, elevo a minha alma (versículo 1).

O humanista olha apenas para os recursos humanos disponíveis. O cristão olha imediatamente para Deus. O homem de orações percebe que as bênçãos de Deus não são uma opção, mas uma necessidade.

2. Ele sabe em quem confiar

> Em ti confio, ó meu Deus. Não deixes que eu seja humilhado, nem que os meus inimigos triunfem sobre mim! Nenhum dos que esperam em ti ficará decepcionado; decepcionados ficarão aqueles que, sem motivo, agem traiçoeiramente (versículos 2 e 3).

Uma atitude de confiança é a chave para a oração eficiente, baseada no caráter de Deus. Devemos direcionar nossa confiança a Deus.

3. Ele sabe o propósito da oração

> Mostra-me, SENHOR, os teus caminhos, ensina-me as tuas veredas; guia-me com a tua verdade e ensina-me, pois tu és Deus, meu Salvador, e a minha esperança está em ti o tempo todo (versículos 4 e 5).

O propósito da oração é mudar. Richard Foster afirma:

> Orar é mudar. Orar é a avenida central que Deus usa para nos transformar. Se não estamos prontos a mudar, vamos abandonar a oração como uma característica notável de nossa vida. Quanto mais oramos, mais sentimos a batida do coração de Deus. A oração começa o processo de comunicação entre nós mesmos e Deus. Todas as opções da vida caem diante de nós. Neste ponto iremos fazer nossa oração e parar de crescer ou iremos fazer nossa oração e deixá-lo nos mudar. Ambas as opções são dolorosas. Não crescer em sua gratidão é não aproveitar sua graça. Quando isso acontece, as prioridades do mundo começam a desaparecer.

Quando oramos pedindo a Deus para mudar uma situação, ele normalmente começa conosco.

4. Ele conhece a base da oração

> Lembra-te, SENHOR, da tua compaixão e da tua misericórdia, que tens mostrado desde a Antiguidade. Não te lembres dos pecados

> e transgressões da minha juventude; conforme a tua misericórdia, lembra-te de mim, pois tu, SENHOR, és bom (versículos 6 e 7).

Como o salmista não pode se aproximar de Deus na base de sua própria grandiosidade, declara "de acordo com o seu amor". A mudança de Davi é baseada em quem Deus é, não no que ele faz.

5. Ele conhece o futuro da oração

> Bom e justo é o SENHOR; por isso mostra o caminho aos pecadores. Conduz os humildes na justiça e lhes ensina o seu caminho. Todos os caminhos do SENHOR são amor e fidelidade para com os que cumprem os preceitos da sua aliança (versículos 8-10).

O futuro é tão sólido quanto o caráter de Deus. A fé de Deus é baseada em seus atributos, não em suas ações. Leve essas atitudes erradas a ele. Faça a oração dos versos 4 e 5.

Faça-me — Traga minhas atitudes para o seu controle (implica julgamentos).

Ensine-me — Prepare-me para conhecer sua verdade (implica ensinamentos).

Guie-me — Guie-me e ande comigo (implica confiança). Essa ordem nos impede de sair do caminho.

Guie-me — Não pode vir primeiro.

Não podemos confiar no que não conhecemos.

Não podemos confiar no que não tentamos.

Ensine-me — não pode vir primeiro.

Aprender sem disciplina (me dê) não pode ser eficiente.

Aprender sem experiência (me conduza) não pode ser apreciado por completo.

Faça-me — deve vir primeiro. Uma vez que for estabelecido, o caminho é seguro.

Uma vez que o preço for pago, o caminho está preenchido.

As orações mudam você. Você muda suas atitudes.

Força número 3 — o Espírito Santo

No Novo Testamento, há referência ao Espírito quase trezentas vezes. A palavra com a qual ele está constantemente associado é "poder". Jesus em João 16:4-16 nos ensina claramente a necessidade dele em nossa vida. Os discípulos estavam inseguros sobre o futuro deles. Jesus disse:

> Estou lhes dizendo isso para que, quando chegar a hora, lembrem-se de que eu os avisei. Não lhes disse isso no princípio, porque eu estava com vocês. Agora que vou para aquele que me enviou, nenhum de vocês me pergunta: "Para onde vais?" Porque falei essas coisas, o coração de vocês encheu-se de tristeza. Mas eu lhes afirmo que é para o bem de vocês que eu vou. Se eu não for, o Conselheiro não virá para vocês; mas se eu for, eu o enviarei. Quando ele vier, convencerá o mundo do pecado, da justiça e do juízo. Do pecado, porque os homens não creem em mim; da justiça, porque vou para o Pai, e vocês não me verão mais; e do juízo, porque o príncipe deste mundo já está condenado. Tenho ainda muito que lhes dizer, mas vocês não o podem suportar agora. Mas quando o Espírito da verdade vier, ele os guiará a toda a verdade. Não falará de si mesmo; falará apenas o que ouvir e lhes anunciará o que está por vir. Ele me glorificará, porque receberá do que é meu e o tornará conhecido a vocês. Tudo o que pertence ao Pai é meu. Por isso eu disse que o Espírito receberá do que é meu e o tornará conhecido a vocês. Mais um pouco e já não me verão; um pouco mais, e me verão de novo.

Jesus disse que era "para o nosso bem" que ele iria nos deixar. Assim, "o Consolador" seria enviado a nós. "O espírito da verdade" nos guiará e glorificará Jesus. Em Atos 1, lemos que nosso Senhor estava pronto para voltar ao Pai. Cercado por alguns seguidores, Jesus dividiu com eles essas palavras importantes:

> Certa ocasião, enquanto comia com eles, deu-lhes esta ordem: "Não saiam de Jerusalém, mas esperem pela promessa de meu Pai, da qual lhes falei. Pois João batizou com água, mas dentro de poucos dias vocês serão batizados com o Espírito Santo." Então os que estavam reunidos lhe perguntaram: "Senhor, é nesse tempo que vais restaurar o reino a Israel?" Ele lhes respondeu: "Não lhes compete saber os tempos ou as datas que o Pai estabeleceu pela sua própria autoridade. Mas receberão poder, quando o Espírito Santo descer sobre vocês, e serão minhas testemunhas em Jerusalém, em toda a Judeia e Samaria, e até os confins da terra" (Atos 1:4-8).

O poder foi prometido quando o Espírito Santo foi recebido. Até o Pentecostes, os discípulos eram muito questionadores. Dos doze originais, Judas já havia partido. Tiago e João seriam certamente questionados sobre seus motivos e interesses políticos. Thomas, do Missouri, sem dúvida, continuava duvidando. (Ele foi provavelmente o pai do conselho da igreja.) E havia Pedro — glorioso um momento, sumido no outro. Declarando verdades, depois as negando. Quais eram os planos dele depois da morte de Cristo? Ele havia parado de pensar.

Jesus passou três anos com os discípulos. Ele ouvia os seus conselhos, porém precisavam de algo além de aprender. Ele havia executado muitos milagres, porém eles estavam frustrados com as buscas humanas inadequadas. Sob o pedido dos discípulos, Jesus lhes ensinou a orar, porém faltava poder real em suas vidas. A disciplina do Senhor ainda não havia proporcionado ao pequeno grupo de seguidores a eficiência de que eles precisavam para começar a Igreja. Jesus sabia do que eles precisavam. Assim, ele os encorajou a esperar pelo poder do Espírito Santo na vida deles.

Eles esperaram e foram recompensados. A Igreja foi fundada! O tema desse grupo crescente de cristãos estava vindo "pela tempestade". Sete problemas difíceis confrontaram essa Igreja do Novo Testamento no livro dos Atos. Após cada obstáculo, lemos que a Igreja crescia, e a Palavra de Deus se multiplicava. Contratempos se transformaram em trampolins. Obstáculos se tornaram oportunidade. Barreiras se tornaram bênçãos.

Covardes se tornaram corajosos. Por quê? Esses dentro da Igreja estavam tocados pelo Espírito Santo.

Esse mesmo poder pode ser dado a você. Mudar de atitude nunca é fácil. Eu tenho testemunhado muitas atitudes darem uma virada positiva através da oração. Apresento a seguir um estudo de caso de um homem que chamaremos de Jim. Ele tem 33 anos, um passado ruim, vivenciou abuso físico quando era criança (espancamentos, surras, padrões religiosos rígidos, péssimo relacionamento com o pai, baixa autoestima.)

Jim afirma: "Vivíamos em uma culpa perpétua. A conversão tão cedo a Cristo era motivada pela culpa. Se algo era divertido, então era pecado. Aos quinze anos, eu desertei Deus e fugi de casa. Quando voltei, tive uma experiência genuína de salvação. Porém, levou mais de dois anos para eu começar a ver luz no fim do túnel por causa de minha atitude ruim. Foi durante a aula bíblica que o Espírito Santo falou em meu coração. Eu levantei minha mão e fui percebido. Eu disse: 'Mestre, você oraria por mim? Minha atitude fede.' A turma inteira orou por mim, e eu tive uma experiência imediata de entrega. Minha atitude escorregou de tempos em tempos, mas eu percebi (e aqueles a minha volta também) uma melhora constante desde então. Eu ainda preciso melhorar, mas já estou bem melhor. Louvado seja Deus."

Quando você decidir mudar e agir em seus planos de mudança, lembre-se de que não estará sozinho. I João 4:4 diz: "Filhinhos, vocês são de Deus e os venceram, porque aquele que está em vocês é maior do que aquele que está no mundo."

Você terá a experiência de um poder sobrenatural quando se lembrar disso:

Fórmula do sucesso espiritual
Se você quer ficar aflito — olhe para dentro.
Se você quer ser derrotado — olhe para trás.
Se quer ser distraído — olhe ao redor.
Se quer ficar consternado — olhe para a frente.
Se você quer se entregar — olhe para cima!

Canais de mudança

Reveja diariamente este quadro. Ele é feito para:

1. Encorajar você na busca da mudança.
2. Direcionar você para que você não perca o embalo.
3. Fornecer a informação certa para você.

I. A escolha dentro de você

Escolha número 1 — Avalie suas atitudes presentes (Filipenses 2:5). Minhas atitudes atuais estão agradando a Cristo e a mim?

Escolha número 2 — Pense, sua fé é mais forte do que o medo (Mateus 21:21)? Eu estou tendo atitudes de fé em meus medos atuais?

Escolha número 3 — Escreva uma declaração com o seu propósito (Filipenses 3:13,14). Eu escrevi, verbalizei ou agi em um plano para mudar minha atitude?

Escolha número 4 — Determine se você tem o desejo de mudar (Salmo 37:4). Mudar é possível se eu quero muito isso. Estou disposto a pagar o preço?

Escolha número 5 — Viva um dia de cada vez (Mateus 6:34). Eu estou deixando os problemas de amanhã reduzirem minha força de hoje?

Escolha número 6 — Mude seus padrões de pensamento (Filipenses 4:8). Aquilo que prende nossa atenção determina nossas ações. Eu estou pensando na coisa certa?

Escolha número 7 — Desenvolva bons hábitos (Deuteronômio 6:5-9). Eu estou agindo repetidamente com hábitos positivos contra os negativos?

Escolha número 8 — Escolha continuamente a atitude certa (Provérbios 3:31). Eu estou escolhendo mudar continuamente?

II. As oportunidades à sua volta

Oportunidade número 1 — Liste a cooperação de um bom amigo (Deuteronômio 32:30). Eu me encontro regularmente com um amigo que me ajuda?

Oportunidade número 2 — Associe-se com a pessoa certa (Tiago 4:4). Meus amigos estão me ajudando ou criando dificuldades em minhas mudanças?

Oportunidade número 3 — Selecione um modelo para seguir (Filipenses 4:9). Estou passando meu tempo com uma pessoa que eu admiro?

Oportunidade número 4 — Aprenda com seus erros (João 8:11). Que erros recentes eu cometi que me fizeram mudar?

Oportunidade número 5 — Exponha-se a experiências de sucesso (Lucas 11:1). Que evento positivo ou pessoa eu vou ver hoje?

III. O Deus acima de você

Força número 1 — A Palavra de Deus (2 Timóteo 3:16,17). Estou recebendo força diária da Palavra de Deus?

Força número 2 — Prece (Tiago 5:16). Estou orando diariamente e especificamente sobre minha atitude?

Força número 3 — O Espírito Santo (1 João 4:4). Estou constantemente me enchendo do Espírito?

Notas

Capítulo três

1. J. Sidlow Baxter. *Awake, My Heart.* Grand Rapids, Michigan: Zondervan Publishing House, 1960, p. 10.

Capítulo sete

1. Wesley Tracy. *When Adam Clark Preached, People Listened.* Kansas City, Missouri: Beacon Hill Press, n.d., pp. 13,14.

Capítulo oito

1. Judith Viorst. *Alexander and the Terrible, Horrible, No Good, Very Bad Day.* New York: Atheneum Publishers, 1976.

Capítulo nove

1. Fonte desconhecida.

Guia de estudo

Capítulo um

É um pássaro...
É um avião...
Não, é uma atitude!

1. Imagine que você é um piloto no *cockpit* de um avião. Vá em frente, você consegue! Então você está voando...no que você prestaria atenção para monitorar o desempenho do avião? Como você controlaria seu desempenho?
2. Agora imagine-se sentado no *cockpit* de sua vida. Qual o fator crítico determinante para seu desempenho espiritual, mental e físico, não importa o "tempo" que você pegue pela frente?
3. Avalie-se pelo padrão de atitude pedido por Jesus ao apóstolo Paulo. Atribua-se nota cinco se você se sente muito bem sobre você mesmo nessa atitude em particular.

a. Eu sou uma pessoa altruísta.
0 1 2 3 4 5

b. Eu sou seguro.
0 1 2 3 4 5
c. Eu sou submisso.
0 1 2 3 4 5

Se você quiser saber o que os outros pensam de você, peça a seu cônjuge ou um amigo próximo para avaliar você.

4. De acordo com Romanos 12:1-2, o que é preciso acontecer se nossa atitude é para refletir a vontade de Deus em nós?
5. Enfrente uma situação da vida que pode estar lhe causando problemas, algo que esteja claramente afetando sua atitude. Aplique o processo de louvor do Rei Davi. Descreva o problema conforme ele se aplique na situação de sua vida.

   a. O louvor começa com a vontade (Salmo 34:1):
   b. O louvor vai com a emoção (Salmo 34:2):
   c. O louvor contagia (Salmo 34:2,3):

6. Faça o teste de indicador de atitude:

Nunca estive melhor	Sim	Não
Nunca estive pior	Sim	Não
Com o rosto para cima	Sim	Não
Com o rosto para baixo	Sim	Não

Capítulo dois

A atitude — O que é?

1. Considere um momento em que você teve:

Uma atitude positiva

Um problema com a sua atitude

Confira esse impacto na sua família, igreja, trabalho, ambiente em geral. Esse não é para ser um exercício de julgamento, mas uma tentativa para avaliar o impacto da sua atitude.

2. "É só minha personalidade", você diz. Como o tipo de personalidade afeta a atitude em relação a outros? Em relação às situações da vida?
3. Como as expressões faciais e a linguagem corporal afetam os outros? Como afetam o orador?
4. O que sua expressão facial predominante e linguagem corporal comunicam em casa? No trabalho? Em situações sociais?
5. Qual a conexão entre a obediência a Cristo e nossa atitude?
6. Em quais tipos de situação podemos aprender a confiar no Senhor através da obediência? (Use o exemplo do casamento em Canaã.)
7. De que forma sua atitude é "o bibliotecário de seu passado"?

Capítulo três

A atitude — Por que é importante?

1. Se você tem tido um *feedback* negativo das pessoas, o que isso pode falar sobre você?
2. Embora seja óbvio, qual a força primária que determina se damos certo ou falhamos?
3. Circule sua resposta para a pergunta: "Como você acha que o mundo trata você?"

   a. Terrivelmente
   b. Mais ou menos
   c. Na média
   d. Muito bem

4. Se sua resposta é "Terrível" ou "Mais ou menos", você concordaria ou discordaria da declaração do autor "Algumas vezes a prisão do descontentamento é construída em nossas próprias mãos"? Se você discorda, por quê?
5. O que podemos aprender com o apóstolo Paulo em Filipenses 3:13,14? Como podemos aplicar isso em nossa vida?
6. Como não podemos fazer com que a maioria das situações de nossa vida se encaixe em nossos desejos, o que podemos fazer em relação a elas? Temos controle sobre o quê?
7. Quais são algumas das experiências frustrantes, chatas e para baixo que você tem com outros que fazem uma atitude positiva parecer impossível?

   a. Em casa
   b. Na estrada
   c. No trabalho
   d. Na igreja

8. Que papel uma atitude positiva nessas situações pode lhe fazer uma pessoa amorosa e bem-sucedida?
9. Selecione a pessoa com a qual você está tendo mais dificuldade e, por uma semana, busque várias oportunidades para dizer coisas positivas e encorajadoras para essa pessoa todos os dias. Avalie a atitude dessa pessoa em relação a você depois de uma semana.
10. O que dá aos conquistadores essa margem com seus competidores, mesmo que seus amigos sejam mais espertos e tenham tido uma educação melhor? Agora, descreva alguém na sua família ou círculo de amigos que demonstra as qualidades que você acabou de listar.
11. Releia o exemplo da esposa que seguiu seu marido para um campo de guerra no deserto. Em qual área da sua vida você pode transformar os limões em limonada, como fez essa mulher?

    a. A situação da vida:
    b. O que eu preciso fazer:

12. O que você está começando agora que precisa desse axioma: "Nossas atitudes no começo da tarefa afetarão os resultados mais do que qualquer outra coisa"? Que ideia-chave se aplica a sua vida enquanto você lê o comentário e as ilustrações?
13. Máximas, verdades, são como jóias que brilham de várias facetas. Escreva três máximas que chamaram sua atenção enquanto você lia a seção chamada "Axioma da atitude número 5".

    a.
    b.
    c.

Agora, coloque-os em cartões, escreva a situação em sua vida na qual se aplicam e carregue-os com você para que possa puxá-los e ser inspirado. Se você tem acesso a gráficos de computadores com gráficos, faça seu próprio pôster.

14. Você conhece uma pessoa "sem limites" em sua família, igreja, comunidade ou trabalho? Analise o que faz essa pessoa ser diferente das outras. Não é tarde para se tornar uma pessoa "sem limites". Identifique a limitação que você colocou em você mesmo e observe como você pode se libertar e se tornar uma pessoa "sem-limites".
15. Por que ser cristão já não nos dá automaticamente uma boa atitude? Se Cristo está vivendo em nós através do Espírito Santo, quem é responsável pelas nossas atitudes erradas?
16. Para o progresso verdadeiro, escreva cinco elementos que reflitam uma atitude adequadamente cristã — e depois insira uma situação da vida na qual cada atitude pode ser usada.

    a.
    b.
    c.
    d.
    e.

Capítulo quatro

É difícil voar alto como as águias
quando se tem que morar com os perus.

1. Dê um exemplo em sua família de um comportamento ou maneirismo que refletem o comentário do autor, "mudamos facilmente para nos adaptarmos ao ambiente".
2. Vitor Frankl afirmou: "A última das liberdades humanas é escolher sua atitude em qualquer circunstância." Você concorda ou discorda? Por que ou por que não? Você pode dar um exemplo?
3. Depois de ler a história, reflita qual atitude parece ter passado de geração para geração em sua família. Qual decisão você precisa tomar?
4. Tire um tempo para preencher o formulário de atitude aplicada. Preferencialmente preencha-o em seu lugar favorito para pensar, uma cadeira especial, um lugar no quintal, um parque na montanha ou uma praia. Ore para que Deus permita que você perceba essas condições que você precisa reconhecer como formativas, mesmo destrutivas, e as escolhas que delas resultaram.

Capítulo cinco

Fundações de verdade sobre a construção de atitude

1. Que atitude você recebeu como modelo em sua infância que ainda requer esforços para melhorar? Se você passou por uma infância com atitudes positivas, quais elementos dessa resposta estão fornecendo a "engrenagem" positiva para mudanças?
2. Que crescimento de atitude, seja positivo ou negativo, você detecta em você mesmo? Em seu cônjuge?
3. O simples fato de você estar lendo *A atitude vencedora* e estar estudando este guia fornece reforço positivo de boas atitudes. Mas, como parte desse esforço, memorize quais das suas atitudes especificamente precisam ser aprofundadas e reforçadas. Liste um passo que você pode tomar agora para fazer isso.
4. Muitos adultos lutam com experiências como a da senhora que escreveu para o autor. Em vez de se concentrar em algo negativo, peça a Deus para ajudá-lo a encontrar reforço positivo de pessoas significativas em sua vida. E, se possível, mande pelo menos a uma dessas pessoas uma nota de agradecimento.
5. De quais formas e em quais situações você foi capaz de cooperar com Deus para aumentar "triunfantemente ao topo" sua atitude pessoal em relação ao futuro?

Capítulo seis

Materiais que são usados para construir uma atitude

1. Se você completou a atitude aplicada nas páginas deste capítulo, reexamine o que escreveu sobre as respostas dadas neste guia de estudos. A falta de tempo, a lembrança de memórias, podem significar que você quer mudar algumas respostas que deu anteriormente.
2. Você identificou qual dos quatro temperamentos é mais parecido com o seu? Se sim, quais das frases descritas mais precisamente descrevem sua atitude?
3. Cada um de nós vive parte de nossa vida em um ambiente negativo. Para alguns, a vida em casa significa uma batalha constante com as atitudes negativas do cônjuge. Para outros, pode ser o escritório, um cliente específico. Até mesmo um percurso grande pode gerar atitudes negativas. Descreva o ambiente mais negativo em sua vida — e mantenha-o em mente enquanto você lê este livro.
4. Você leu as experiências de afirmações adultas do autor. Agradeça a Deus por elas! Identifique onde e como você pode fornecer esse tipo de afirmação — e escreva suas respostas como confirmações de seus desejos.
5. O autor claramente tem uma autoimagem positiva. Ele menciona várias formas de se sentir bem sobre si mesmo. Destaque-as no texto e escreva-as para fixá-las em sua mente.
6. Perceba como o autor se sentiu ao ajudar sua filha a dar certo. Quem você pode ajudar? Escreva um plano de ação, mesmo que fique incompleto.
7. O autor escreve: "Sempre temos um número de oportunidades em nossas mãos. Devemos decidir se corremos ou não o risco." Quais são as oportunidades em nossa vida que vão exigir que nos arrisquemos?

8. Um pastor que passou por uma crise emocional descobriu que só tinha um amigo que o colocava para cima, impulsionava-o a crescer, enquanto muitos faziam o contrário e alguns eram neutros. Quando ele retornou ao ministério, determinou significantemente o número de amigos que eram seguros o suficiente para fornecer resposta positiva. Que tipo de respostas seus amigos forneciam? Você precisa buscar amigos diferentes?
9. Nosso ambiente em casa, a atitude de nosso cônjuge e filhos podem fornecer a resposta mais negativa que temos. Se sim, que passos positivos podemos tomar para superar isso?

- Ver um pastor ou psicólogo.
- Fazer um propósito de oração com um amigo.
- Começar uma campanha deliberada para fornecer atitude positiva para o cônjuge.
- De forma amável, em lugar neutro (restaurante, parque, praia), confrontar a parte culpada.

Capítulo sete

O erro mais caro que as pessoas cometem construindo a atitude

1. Qual foi o rótulo que, após reflexão, provou-se o mais limitador ou forneceu o maior desafio para você quando tentou quebrar a barreira sap?
2. Em quais áreas de sua vida você está falhando ao exceder a linha sap strata?

- Luta física?
- Disciplina espiritual?
- Experiências de família?
- Riscos no emprego?

3. Descreva uma experiência que, após se provar dolorosa, você nunca mais repetiu. Agora, analise como pode passar por essa barreira de pânico em um evento similar no futuro.

Capítulo oito

Socorro! Socorro! Minha atitude está perdendo altitude

1. Quais são as três coisas que o autor encoraja o leitor a lembrar quando tudo se torna difícil?

   a.
   b.
   c.

2. Tempo ruim? Qual o pensamento-chave que pode ajudar você, de acordo com Gálatas 6:9?

3. Qual é o nosso "segundo fôlego" ao servir ao Senhor, de acordo com Hebreus 12:1-3?

4. Você está passando por alguma tempestade em sua vida particular ou no trabalho? O que você pode fazer para evitá-la? Aplique os seguintes critérios:

   a. Falta a experiência necessária para aguentar essa tempestade?
   b. Falta o conhecimento para navegar pela tempestade?
   c. Falta o tempo para fazer os preparos necessários?
   d. Faltam os fatos para tomar uma decisão apropriada?
   e. Falta a oração necessária para aguentar a tempestade?

5. Qual é a sua reação à declaração do autor: "A chave para o sucesso na tomada de decisões é tanto *timing* quanto a escolha certa"?

6. Como podemos saber se não estamos em contato com a "torre de controle"?

7. "O que realmente importa é o que acontece em nós, não conosco." Você concorda ou discorda? Por que ou por que não?

Capítulo 9

O choque interno

1. A lista do autor contendo as maiores derrotas de homens que hoje são considerados heróis nos lembra de que a falha não precisa ser fatal.

   a. Descreva uma experiência de derrota em sua vida que você achou que poderia destruir você, mas não destruiu.
   b. Descreva uma experiência de derrota que provou, depois, ser um trampolim.

2. Se você é verdadeiramente honesto consigo mesmo, como é o medo de falhar em uma área específica impedindo você de fazer progressos?
3. Comente uma declaração do autor: "Aceitar as falhas no sentido positivo se torna eficiente quando você acredita que o direito ao erro é tão importante quanto o direito ao sucesso."
4. Para os cristãos, quais são as implicações da declaração "eu não preciso sobreviver"?
5. Você está enfrentando uma questão ética ou moral em seu trabalho, em sua igreja, onde a "sobrevivência" está em jogo? Se sim, identifique e descreva a principal questão em jogo.
6. Que implicações a seguinte declaração tem para você: "Até aceitarmos o fato de que o futuro do mundo não repousa em nossas decisões, ficaremos inaptos a esquecer os erros do passado. A atitude é o fator determinante de onde nossas falhas podem nos fazer vencer ou perder."
7. Como João 12:24,25 relata a questão de medo de falhar?
8. Quais são as quatro coisas que o desencorajamento faz conosco?

a.
b.
c.
d.

9. Quais foram os fatores que contribuíram para o sucesso de Evelyn McFarland como líder no ônibus?
10. Considere uma situação desencorajadora em sua vida. Agora, aplique os quatro passos que o autor recomenda, descrevendo como se encaixam em sua situação.

    a. Ação positiva:
    b. Pensamento positivo:
    c. Exemplo positivo:
    d. Persistência positiva:

11. Como você se vê na luta do apóstolo Paulo descrita em Romanos 7:15-25? Não tenha medo de ser verdadeiro e honesto.
12. Examine os oito passos para se apropriar do poder purificador. Ore através deles, consciente da tentação específica contra a qual está lutando.

Capítulo dez

O choque externo

1. O que você consideraria a crítica mais traumática vinda de alguém próximo a você? Se ainda está sofrendo por essa crítica, analise se foi justificada ou um caso de "os melhores frutos são os que os pássaros colhem".
2. Agora, avalie se essa crítica, como no caso de Jesus, é:

- Uma oportunidade para confortar.
- Uma oportunidade para curar.
- Uma oportunidade para superar.
- Uma oportunidade para perdoar.

3. O que podemos aprender dos ensinamentos de Jesus em Mateus 5:43-48 em relação a nossa resposta à crítica?
4. Nomeie um amigo que encoraja você quando você recebe uma crítica. Em seguida, nomeie uma pessoa para quem a crítica é prejudicial.
5. O que está implícito no comentário de Robert Louis Stevenson, "eu nunca vou permitir que umas embalagens de remédio bloqueiem meus horizontes"? Nomeie três ou quatro "embalagens de remédios" que estão ameaçando a presença de Jesus em sua vida e suas provisões.
6. Qual é a "mudança" que é potencialmente a fonte de seu desconforto:

- Em sua casa:
- Em sua igreja:
- Em seu emprego:
- Em sua comunidade:

7. Examine essa mudança e avalie o comentário do autor, "com a atitude adequada, toda mudança, seja positiva ou negativa, resultará em uma experiência de crescimento". Qual pode ser o componente de aprendizado nessa mudança?

   Qual pode ser o componente de crescimento?

8. O autor escreve: "Cada geração exerce três funções específicas." Descreva como você pode ser parte desse processo de mudança.

   a. Conserve:
   b. Critique:
   c. Crie:

9. Existe alguma situação em sua igreja onde a resistência ajuda a "gerar o poder do progresso"? Considere as áreas mais frequentemente focadas de interação entre os membros antigos e os membros mais jovens.

   a. Ministério infantil:
   b. Ministério da juventude:
   c. Ministério da adoração e da música:

10. Atualmente nos Estados Unidos a mídia se concentra quase que exclusivamente nas notícias negativas. De que forma isso pode ilustrar seu pensamento sobre o que Deus poderia fazer no futuro? Então você pode trazê-las em oração ao Senhor e se sentir renovado. Liste os pensamentos tipicamente negativos que tendem a dominar sua vida depois ou enquanto assiste às notícias na televisão.

11. Como o pensamento negativo limita o seu potencial? Se possível, responda de forma específica: em casa, na igreja, na comunidade, em seu trabalho.
12. Como mãe, pai ou supervisor, como você está fazendo suas perguntas?
13. Quais são algumas coisas "impossíveis" que você conquistou ou viu outros conquistarem?
14. Alguém está desafiando você com uma atitude do tipo "isso não pode ser feito"? Qual pode ser sua resposta?

Capítulo onze

Acima e avante

1. Quais são as boas notícias para aqueles aprisionados pela atitude ruim?
2. Quais desculpas você ou alguém que você ama tem dado para as atitudes ruins?
3. Leia o testemunho pessoal. Em seguida, destaque e escreva os quatro fatores-chave na transformação do autor. Avalie sua posição nestes comentários.

    a.
    b.
    c.
    d.

4. Identifique um amigo que pode orar com você e segurar sua barra no seu processo de mudança de uma atitude negativa.
5. Se você tem uma atitude negativa persistente, faça a oração do autor ou faça a sua própria, escrevendo-a. Ore todos os dias durante um mês.

Capítulo doze

A escolha dentro de você

Pronto para uma mudança verdadeira? Este é o capítulo da ação. Porém, se você tem seguido as sugestões do Guia de Estudos, você já estará em um bom caminho. Neste capítulo, nós nos concentraremos em áreas específicas, em vez de cada passo sugerido pelo autor, porém pedimos que você tome todos os passos do processo que ele fornece.

1. Mantendo a ilustração do "emaranhado de troncos", volte sua atenção para a "raiz" que dispara a atitude negativa em sua vida. Isso provavelmente significará revisitar o passado, explorando seus sentimentos sobre os fatos. Para alguns essa pode ser uma experiência dolorida e poderia na verdade requerer ajuda profissional de um conselheiro cristão. Escreva o que você até agora considera o "tronco" que causou o emaranhado de troncos — a raiz da atitude que tende a evitar mudanças.
2. Agora trabalhe com os estágios de evolução.

    a. Identifique sentimentos problemáticos:
    b. Identifique problemas de comportamento:
    c. Identifique pensamentos problemáticos:
    d. Identifique pensamentos bíblicos:
    e. Comprometimento seguro:
    f. Planeje e execute suas escolhas:

3. Identifique o medo em sua vida. Pode ser medo de falhar, medo de mudança, medo de crítica. Se você estiver em um grupo, discuta os medos comuns que impedem a mudança e ilustre-os. Depois de escrevê-los, inicie a Fórmula dos Quatro Passos para lidar com o medo.

4. Volte ao número um para sua atitude "emaranhado de troncos". Agora, estabeleça claramente o que você quer fazer a respeito. Você pode querer usar a fórmula sugerida pelo autor.
5. Embora todos os três passos sejam vitais, os homens provavelmente têm mais dificuldades com o número 2, já que poucos homens possuem um amigo próximo com quem possam verbalizar seus sentimentos. Se em um estudo anterior você identificou um amigo, escreva o nome dele novamente. Convide esse amigo para se juntar a você em uma escalada, café-da-manhã ou uma caminhada na praia. Comece construindo um relacionamento que vai além da discussão de esportes, emprego ou política. Escreva seu plano de ação.
6. Destaque as palavras negativas ou frases que são mais comuns para você. Agora, copie-as como parte do processo de eliminá-las de seu vocabulário.
7. Quais são as três vezes em que a pessoa está mais receptiva à mudança?

   a.
   b.
   c.

   Olhe essa lista e circule a condição que descreve melhor onde você está hoje.

8. O autor escreve: "Muitas vezes nos estabelecemos em um modo de pensar e aceitamos as limitações que não precisam ser colocadas em nós." Quais são os tipos mais comuns de limitação que impedem as pessoas de tomarem decisões positivas em relação à mudança?
9. Existe um pecado, transgressão ou um abuso que é como uma corrente, segurando você ao passado? Enquanto você lê o Salmo 51, sublinhe as verdades principais que mais significam para você. Escreva que plano de ação você pode tomar.

10. Compare seus modelos de pensamentos com Filipenses 4:8. Escreva a área que mais precisa de atenção se você deseja mudar seu modelo de pensamento.
11. Qual círculo de pensamento melhor descreve você? Se você se encaixa na progressão dos "Maus hábitos", trabalhe com os passos no sentido de apenas um hábito ruim por vez.
12. Se anteriormente você identificou uma atitude negativa e começou o processo de mudança, em qual estágio você se encontra? Se você estiver no Estágio Final, descreva como voltará ao normal.

Capítulo treze

As oportunidades ao seu redor

1. Reveja as ações sugeridas no capítulo 12, número 5, para identificar o amigo que você selecionou. Agora, observe as "Condições necessárias para o Esforço Cooperativo" para ver se seu amigo se enquadra nas qualificações sugeridas para um amigo.
2. As qualificações para um amigo são muito idealísticas? Alguém pode ser um amigo de verdade sem ter todas as qualificações sugeridas?
3. Por que a seguinte observação é verdadeira ou falsa: "Ao aconselhar pessoas enfrentando um relacionamento arruinado, observei que frequentemente os amigos do casal também estão com problemas no casamento"?
4. Um dos passos mais difíceis para um homem é admitir que se precisa de um modelo, identificando esse modelo e pedir por disciplina nesse modelo. Porém, um progresso incrível pode ser feito por homens e mulheres dispostos a se submeterem a essa disciplina. Se você é um homem jovem, não tenha medo de pedir a um homem mais velho que se encontre com você regularmente para propósitos disciplinares — ele ficará feliz de ajudar. Escreva as qualidades que você está procurando em um modelo que pode ajudá-lo a mudar uma atitude em particular.
5. Identifique uma experiência recente ou fracasso. Agora, tome o exemplo do menino que perdeu a mão para avaliar o que você deixou passar que seja positivo.
6. Como podemos nos expor a experiências de sucesso? Não se limite ao seu círculo mais próximo de amigos! Um pastor ocupando uma nova posição em uma igreja de uma cidade maior visitou cinco pastores de igrejas que estavam dando certo. Ele passou um fim de semana com cada um antes de começar seu

novo ministério e tentou aprender o máximo do sucesso de cada um. Não é de se admirar que hoje em dia ele seja o pastor de uma das igrejas mais importantes. Ele aprendeu e mudou. Então, tome os seus "vencedores", liste-os e exponha-se deliberadamente ao sucesso de suas experiências.

Capítulo quatorze

O Deus acima de você

1. Por que limitamos a Deus quando queremos efetuar mudanças em nossa vida?
2. Descreva seus sentimentos pessoais enquanto você lê as duas declarações "fundamentais". Você conseguiu dizê-las sem medo de dúvida?
3. Resuma com suas palavras por que você deveria estar apto a seguir os seguintes passos com confiança:

   a. Eu sou verdadeiramente importante.
   b. Eu sou verdadeiramente seguro.

4. O autor fornece passagens encorajadoras das escrituras, mas de maior valor são aquelas que você descobre por si mesmo. Usando a concordância bíblica, olhe para a palavra "poder" nas cartas de Paulo. Destaque esses versos em sua Bíblia. Copie-os em um cartão para lembrar a você que o poder de Cristo está disponível.
5. Se a oração é tão importante para mudar, o que produz que é verdadeiramente especial?
6. Como podemos utilizar o poder do Espírito Santo, já que ele é o verdadeiro Agente de Mudança?
7. Escreva os passos específicos que Jim tomou para se livrar da atitude ruim.
8. Usando essa experiência, quais passos você pode tomar para começar o processo de mudança (tendo em mente 1 João 4:4)?

Notas

Notas

Notas

Notas

Notas

Notas

Notas

Notas

Notas

Este livro foi composto em Bembo 11/16 e impresso pela Gráfica Ediouro sobre papel Pólen Soft 80g em 2009.